U0473063

财务实战专家一点通

会计业务那点事

石　帆　刘庆娜　编著

中国水利水电出版社

www.waterpub.com.cn

内 容 提 要

本书旨在为会计初学者提供学习和实务操作的相关知识，帮助会计新手学会做账编表，缩短会计理论与实务操作的距离，使其在工作中迅速达到应对自如、得心应手的境界。

全书首先直观详细讲解了会计入门知识，接着系统地介绍了会计实务操作的制度规范、会计实务操作的方法、会计实务操作的流程及要求；然后以 2011 年 12 月河北钢管制造有限公司的经济业务为例，展现了会计实务操作的全过程。书中提供了大量仿真的各种经济业务原始凭证和单据，设置了企业筹集资金、供应过程、生产过程、销售过程、利润的形成和分配以及企业日常其他业务的账务处理，体现了公司建账、填制和审核会计凭证、登记各种账簿、填写科目汇总表、编制资产负债表和利润表等会计技能。本书编写时采用图表实例法，以"答疑解惑、技能 ABC、知识链接"等栏目穿插其中的形式，使知识直观、生动、形象，满足了会计人员实际工作要求。

本书适合于从事会计工作和即将从事会计工作的初学者，对那些财务会计专业的学生和非财务方面的管理人士也助益良多。

图书在版编目（CIP）数据

会计业务那点事 / 石帆，刘庆娜编著. -- 北京：
中国水利水电出版社，2012.10
（财务实战专家一点通）
ISBN 978-7-5170-0248-2

Ⅰ. ①会… Ⅱ. ①石… ②刘… Ⅲ. ①会计实务
Ⅳ. ①F233

中国版本图书馆CIP数据核字 (2012) 第240368号

策划编辑：杨庆川　陈　洁　　责任编辑：陈　洁　　加工编辑：付萌萌

书　　名	财务实战专家一点通 **会计业务那点事**
作　　者	石　帆　刘庆娜　编著
出版发行	中国水利水电出版社 （北京市海淀区玉渊潭南路 1 号 D 座　100038） 网址：www.waterpub.com.cn E-mail: mchannel@263.net（万水） 　　　　sales@waterpub.com.cn 电话：（010）68367658（发行部）、82562819（万水）
经　　售	北京科水图书销售中心（零售） 电话：（010）88383994、63202643、68545874 全国各地新华书店和相关出版物销售网点
排　　版	北京万水电子信息有限公司
印　　刷	北京蓝空印刷厂
规　　格	170mm×240mm　　16 开本　　14.25 印张　　225 千字
版　　次	2012 年 10 月第 1 版　　2012 年 10 月第 1 次印刷
印　　数	0001—4000 册
定　　价	29.00 元

凡购买我社图书，如有缺页、倒页、脱页的，本社发行部负责调换

版权所有·侵权必究

Preface
前 言

　　会计是一门实用性很强的学科，会计人员应熟悉会计基础理论，掌握实务操作的制度规范、流程、方法及要求，具有熟练编制会计凭证、登记账簿、编制会计报表的从业技能。本书侧重于会计实务操作，定位于指导初学者快速入门，帮助会计新手快速学会做账编表，缩短会计理论与实务操作的距离，使其在工作中迅速达到应对自如、得心应手的境界。

　　该书以财政部 2006 年颁布的《企业会计准则》为依据，以模拟河北钢管制造有限公司的经济活动为平台，设计了公司 2011 年 12 月的经济业务，展现了会计实务操作的全过程。书中提供了大量仿真的各种经济业务原始凭证和单据，设置了企业筹集资金、供应过程、生产过程、销售过程、利润的形成和分配以及企业日常其他业务的账务处理，体现了公司建账、填制和审核会计凭证、登记各种账簿、填写科目汇总表、编制资产负债表和利润表等会计技能。本书编写时采用图表实例法，以"答疑解惑、技能 ABC、知识链接"等栏目穿插其中的形式，使知识直观、生动、形象，满足了会计人员实际工作要求。

　　本书内容突出特色，具有以下特点：

　　（1）内容全面、知识丰富。本书采用图文表结合的形式，首先直观详细讲解了会计入门知识，接着系统地介绍了会计实务操作的制度规范、会计实务操作的方法、会计实务操作的流程及要求；然后又运用实例展现了会计实务操作的全过程（设置账户——填制和审核会计凭证——登记账簿——编制报表），分类介绍了各种账务处理，内容全面，实现了读者与实际的"零距离"接触。

　　（2）生动直观、简单易学。本书文字精炼、图文并茂、生动实用，实例讲解直观易懂，可以轻松学习。

　　（3）真账操练、针对性强。本书以 2011 年 12 月河北钢管制造有限公司发生的经济业务为例，详细图示讲解了货币资金业务、往来业务、资产业务、日常收入费用、财务成果、产品的生产成本、各税种的核算等各种业务，科目汇总表的编制，日记账、明细账、总账的登记，资产负债表、利润表的编制。

本书由石帆、刘庆娜编著，郝云坡参编，其中石帆编写第 1、2、4 章，刘庆娜编写第 6、7、8 章，郝云坡编写第 3、5 章，全书由石帆统稿。同时参与编写的还有李延琨、林家昌、刘林建、孟富贵、彭自强、孙雪明、王世平、文明、徐增年、银森骑、张家磊、张瑾瑜、周伟杰、朱玲、张悦，在此一并表示感谢。

由于资料和水平有限，不足和疏漏在所难免，恳请广大专家、学者批评指正。

编者

2012 年 5 月

Contents
目 录

第二篇　会计实务操作应用

第 7 章　模拟企业概况　103

第 8 章　2011 年 12 月份经济业务的账务处理　109

第1章

会计入门知识

当今的社会，会计作为一种热门职业，是许多人追求并向往的。那么，具备哪些知识我们才能敲开会计的这扇大门呢？下面我们一起来学习会计的入门知识。

1.1 什么是会计

说起会计，我想很多人知道，起码听说过，并且很多人与它打过交道。但是如果要被问什么是会计，会计有哪些特点，恐怕人们不一定能准确地说出来。

1.1.1 会计的含义

会计从产生到发展经历了漫长时期，已有几千年的历史。它是随着人类生产实践和经济管理的客观需要而产生的，并随着社会生产的发展而不断完善、提高。会计产生和发展的历史告诉我们，会计是社会发展到一定历史阶段的产物，它是为社会经济服务的，并且也是经济管理的重要组成部分。因此，任何社会都离不开会计，经济越发展，管理越加强，会计就越重要。

会计是人们的主观活动，是人们对经济活动的全过程所做出的反映。因此，会计的含义可以表述为：会计是以货币为主要的计量单位，运用专门的会计核算方法，对经济活动进行核算和监督的一种经济管理活动。

知识链接

我国会计的发展历史

会计在中国有着悠久的历史。我国远古时期就曾出现过"结绳记事"、"刻木为记"等最原始的会计行为。据《周礼》记载，早在三千多年前的西周时期，就出现了"会计"一词。同时，西周设有专门管理钱粮税赋的官职——司会，并对财物收支采取了"月计岁会"（零星算之为计，总合算之为会）的方法。在西汉时期，出现了名为"计簿"或"簿书"的账册。在宋代，官府中的官吏报销钱粮或办理移交，要编造"四柱清册"，通过"旧管（期初结存）+新收（本期收入）=开除（本期支出）+实在（期末结存）"的平衡公式进行结账，实行"四柱结算法"。明末清初，出现了以"四柱清册"记账为基础的"龙门账"，它将全部账目划分为"进"（全部收入）、"缴"（全部支出）、"存"（资产）、"该"（负债）四大类，他们之间的数量关系是：进-缴=存-该。"龙门账"的诞生标志着我国复式记账的开始。我国在清代资本主义经济萌芽时期，产生了"四脚账"，这种方法要求每一笔账项既登记"来账"，又登记它的"去账"，以反映同一账项的来龙去脉。自20世纪以来，股份制公司的出现，会计逐步形成以对外提供会计信息为主，接受"公认会计原则"约束的会计，即财务会计；另一方面，为了适应外部市场环境变化，管理当局也对会计信息提出了新的要求，这样一个独立的领域——管理会计逐步形成，管理会计从传统会计中分离出来，成为现代会计的开端。

1.1.2　会计的主要特点

从会计的含义中，我们可以总结出会计的主要特点：

1.　会计是以货币为主要的计量单位

为了核算和监督企业的经济活动，会计需要运用实物量度（吨、米、台、件等）、劳动量度（工时、劳动日等）和货币量度（元、角、分）三种计量尺度。但企业应以货币量度为主，其他量度为辅，从而取得连续、系统且综合的会计资料。

2.　会计运用专门的会计核算方法

会计在长期发展过程中，形成了一套科学实用的会计核算方法。即对于企业的各项经济业务，都要以填制和审核会计凭证为初始环节；然后按照设置的账户，运用复式记账法记入有关账簿；一定时期终了，通过财产清查，在账证相符、账账相符、账实相符的基础上，根据账簿的记录，编制财务会计报表，完成向报表的使用者提供会计信息的目标。

3．会计的核算和监督具有连续性、系统性、综合性和全面性

会计对经济活动进行核算和监督，是按照经济活动发生的时间顺序连续记录的，并且对企业现在或未来影响企业经济利益的业务，都全面、系统地记录下来。记录下来的内容，应定期进行归类整理，以便及时对外报送各种资料。

1.2　企业的经济活动

企业是从事生产、流通、服务等经济活动，以生产或服务满足社会需要，实行自主经营、独立核算，依法设立的一种盈利性的经济组织，如百事可乐公司、鞍钢集团、华北制药等。

1.2.1　企业的经济活动

在日常经营中，企业会发生一系列的经济活动，具体到企业、行政事业单位又有较大的差异。即便同样是企业，工业、商业、交通运输业、建筑业、金融业等也都有各自的特点。下面以工业企业为例，说明企业具体的经济活动。

工业企业是从事产品生产和销售的营利性经济组织。从事生产活动，企业必须拥有一定数量的资金，用于建造厂房、购买机器设备、购买原材料、支付职工工资、支付经营管理环节中的必要开支等，生产出的产品经过销售后，收回货款来补偿生产中垫付的资金、偿还有关的债务、上缴有关的税费等。由此可见，工业企业的资金循环过程包括资金的投入、资金的循环与周转、资金的退出三部分，如图 1-1 所示。

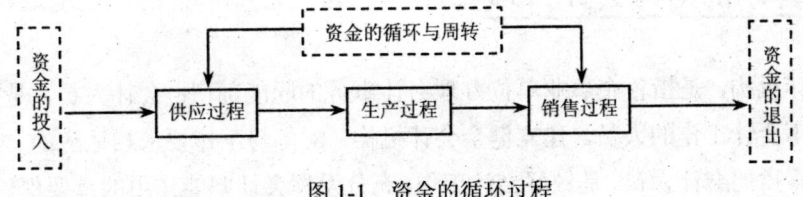

图 1-1　资金的循环过程

资金的投入包括企业所有者投入的资金和债权人投入的资金两部分，前者属于企业所有者权益，后者属于企业债权人权益——企业的负债。投入企业的资金一部分形成流动资产，另一部分形成非流动资产。

资金的循环与周转分为供应、生产、销售三阶段。在供应过程中，企业要购买原材料等生产资料，发生材料买价、运杂费、装卸费等材料采购成本，并且会与供应单位发生货款的结算。在生产过程中，劳动者将材料加工成特定的产品，发生材料费、折旧费、人工费等，同时还将发生企业与工人之间的工资结算、与有关单位之间的劳务结算。在销售过程中，将生产的产品销售出去，发生有关的销售费用、收回货款、缴纳税金等业务活动，并同购货单位和税务机关等发生结算。企业获得销售收入，扣除各项费用成本后，计算当期利润，提取盈余公积后，再向所有者分配利润。

资金的退出主要包括偿还各项债务、上缴各项税金、向所有者分配利润（支付现金股利）等，这部分资金离开了本企业，即退出了本企业的资金循环与周转。

企业的资金就是这样循环的，上述的这三个阶段是相互支撑、相互制约的统一体。

1.2.2　会计对象

企业的各项经济活动都与会计工作相关，但相关的内容并不都是会计核算和监督的内容。如签订经济合同、商务谈判、更换会计人员等经济活动，就不是会计核算和监督的内容。通常，凡是特定主体能够以货币表现的经济活动，都是会计核算和监督的内容，即会计对象。换言之，会计对象就是能用货币表现的各项经济活动，只有可以用货币表现，会计人员才能运用专门的方法对其进行会计处理。

1.3　会计机构与会计人员

会计机构，是指各企事业单位办理会计事务的职能部门；会计人员，是指直接从事会计工作的人员。建立健全会计机构，配备与工作要求相适应的、具有一定素质的会计人员，是做好会计工作，充分发挥会计职能作用的重要保证。

1.3.1　会计机构的设置

各企事业单位都应按《中华人民共和国会计法》（以下简称《会计法》）的规定，根据会计业务的需要设置会计机构，或者在有关的机构中设置会计人员并指定会计主管人员。

　　企业是否单独设置会计机构，往往受以下因素影响：一是企业规模的大小；二是企业经济业务和财务收支的繁简；三是企业经营管理的要求。一般来说，规模比较大、经济业务比较多、财务收支频繁的企业，应单独设置会计机构，以便及时对经济活动进行核算和监督；对于规模比较小、经济业务比较少、财务收支简单的企业，可以在有关机构中设置专职会计人员，也可依法委托中介机构代理记账。

1.3.2　会计人员的职责与权限

　　会计人员作为特殊的从业人员，不仅要有良好的业务素质，还应该有较强的政策观念和职业道德，受法规制度和执业纪律的约束。不具备条件的人员，是不能从事会计工作的，有关单位也不能聘用。我国《会计法》第三十八条规定："从事会计工作的人员，必须取得会计从业资格证书"。会计从业资格是从事会计工作的法定资质，是进入会计职业的"门槛"。

　　1.　会计人员的职责

　　会计人员主要职责是进行会计核算和实行会计监督，同时《会计人员职权条例》中也明确了会计人员的具体职责：

　　（1）严格执行国家的财务制度，遵守各项财经纪律，认真编制财务计划、预算，定期检查、分析财务计划及各项预算的执行情况。

　　（2）执行企业会计准则的规定，认真做好会计核算工作，做到手续完备，内容真实可靠，按期报送财务报告。

　　（3）按照资金管理制度和银行结算制度的规定，加强货币资金的管理，考核企业资金的使用效果。

　　（4）自觉遵守企业各项收入制度、费用开支范围和开支标准，及时发现经营管理中存在的问题，并向单位领导提出建议。

　　（5）按照相关规定，妥善保管会计凭证、会计账簿、会计财务报告等会计档案资料。

答疑解惑　会计专业职务与技术资格有什么区别？

　　会计专业职务是区别会计人员业务技能的技术等级。根据《会计专业职务试行条例》规定，会计专业职务分为高级会计师、会计师、助理会计师、会计

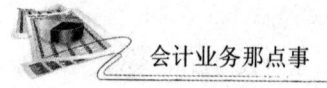

员。其中，高级会计师为高级职务，会计师为中级职务，助理会计师和会计员为初级职务。

会计专业技术资格是指担任会计专业职务的任职资格。根据《会计专业技术资格考试暂行规定》，会计专业技术资格分为初、中、高三个级别。目前，初级、中级会计资格实行全国统一考试制度，高级会计师资格实行考试与评审相结合制度。

2. 会计人员的权限

会计人员在工作中必须认真履行自己的职责，完成企业会计核算的各项任务。为此，《会计人员职权条例》中明确规定了会计人员具有下列工作权限：

（1）会计人员有权要求本单位有关部门、人员提供真实、可靠的资料。

（2）会计人员有权要求本单位有关部门、人员认真执行国家的各项财经纪律和财务制度。

（3）会计人员有权监督、检查本单位的财务收支和资金使用情况。

（4）会计人员有权参加本单位的生产、经营管理会议，制定本单位的财务预算。

1.3.3　会计人员的职业道德

会计人员的职业道德，是指会计人员在从事会计工作中应当遵循的行为准则和规范，它是基本道德规范在会计工作中的具体体现。根据财政部1996年6月颁布的《会计基础工作规范》规定，结合新时期《公民道德建设实施纲要》的一般要求，我国会计人员职业道德的内容主要包括以下几个方面：

（1）爱岗敬业。爱岗敬业要求会计人员应该爱自己的本职工作，树立良好的职业责任感和荣誉感，忠于职守，尽心尽力，尽职尽责。

（2）诚实守信。诚实守信要求会计人员应言行一致，实事求是，准确核算，不伪造账目，不弄虚作假，不损害集体利益。

（3）廉洁自律。廉洁自律要求会计人员应清正廉洁，自我约束，正确行使会计人员的职责，保证各项经济活动正常进行。

（4）客观公正。客观公正要求会计人员在办理会计事务时，应依法办事，实事求是，不偏不倚，保持应有独立性。

（5）坚持准则。坚持准则要求会计人员按照会计法律、法规、规章规定的程序和会计准则要求进行会计工作，不被主观或他人意志左右。

（6）提高技能。提高技能要求会计人员提高职业技能和专业胜任能力，以适应工作需要。

（7）参与管理。参与管理要求会计人员经常参与经营管理活动，积极向领导反映经营管理活动中存在的问题，主动提出合理化建议，协助领导作出决策。

（8）强化服务。强化服务要求会计人员端正服务态度、强化服务意识和提高服务质量。

第2章
会计实务操作的制度规范

对于企业日常所发生的各项经济业务，都要运用专门的会计方法进行处理，即会计实务操作。我们在进行实务操作时，必须了解会计实务的基础知识，遵守会计实务操作的制度规范。

2.1 一个会计目标

对于我们每一位会计人员来说，搞清会计工作的任务，明确会计的目标，是非常必要的。企业会计目标是如实提供有关企业财务状况、经营成果和现金流量等方面的有用信息，以满足有关各方面的信息需要，有助于信息使用者作出经济决策，并反映管理层受托责任的履行情况。

具体而言，我国会计目标主要满足企业外部和内部两方面对企业会计信息的需要。

2.1.1 外部的会计信息使用者

外部的会计信息使用者是指企业外部与企业有直接或间接经济利害关系的单位和个人。具体包括：

1. 投资者

企业的投资者最关心企业的财务状况和经营成果，他们需要借助财务会计报告了解企业的经营情况，并对今后的投资作出决策。

2. 债权人

债权人主要包括银行、非银行金融机构、企业债券购买人及其他提供信贷的单位和个人。他们主要通过财务报告了解资金的安全情况，以便掌握企业能否如期偿还本金和利息，作出是否给企业贷款的决策或决定是否贷给企业更多

的资金。

3. 政府部门

政府及相关机构履行职责开展工作需要企业提供相关会计信息。例如，国有企业必须向国家财政、审计机关提供财务报告，以便接受经济监督；税务机关需要企业提供向国家纳税的信息；社会保障机关需要企业提供交纳各项社会保障基金的信息。上述的各种信息主要来自企业定期编制的财务会计报告。

4. 社会公众

社会公众主要关注企业的兴衰及其发展情况。为此，企业编制的会计报告，应当着重为其提供有关单位目前状况的资料，帮助他们了解企业发展的情况，为其未来的决策提供信息。

2.1.2　内部的会计信息使用者

内部的会计信息使用者主要是指企业内部管理层以及企业职工。

1. 企业内部管理层

企业的管理人员进行生产经营决策时，需要以客观的数据和资料为依据，这些资料主要来源于财务会计报告，因此会计信息在企业决策中起着极其重要的作用。

2. 企业职工

企业职工主要通过财务报告，了解企业的财务状况与获利情况是否能保障企业持续经营，是否能为职工提供稳定的就业、工资福利待遇是否变动等信息。

2.2　两个会计基本职能

会计基本职能是指会计在经济管理中固有的、内在的客观功能。马克思曾将会计的基本职能概括为"对过程的控制和观念的总结"，简言之，就是对经济业务活动过程的核算和监督。《会计法》中将会计的基本职能进一步明确为进行会计核算和实施会计监督。

2.2.1　进行会计核算

会计的核算贯穿于经济活动的全过程，是会计最基本的职能，也称反映职能。会计核算是以货币为主要计量单位，通过确认、记录、计量、报告，对特定主体一定时期的经济活动进行记账、算账、报账，为有关各方面提供会计信息的功能。

确认是指运用特定的会计方法，用文字和金额同时描述某一交易或事项，使其金额反映在特定主体财务报表中的会计程序。计量是指确定某一交易或事项的金额的会计程序。记录是指对特定主体的经济活动采用一定的记账方法，并在账簿中进行登记的会计程序。报告是指在确认、计量和记录的基础上，对特定主体的财务状况、经营成果和现金流量，以财务报表的形式向有关方面提供信息的行为。

会计核算的具体内容为用货币表现的各种经济活动，即会计的对象，具体内容如表2-1所示。

表2-1　会计核算的具体内容

会计核算的具体内容	款项和有价证券的收付	如企业的销货款、购货款和其他款项的收付
	财物的收发、增减和使用	如原材料的购进与领用，固定资产的增加与减少
	债权、债务的发生和结算	如应收账款，应付账款，其他应收、应付款的发生和结算
	资本、基金的增减	如实收资本和盈余公积的增加和减少
	收入、支出、费用、成本的计算	如企业的营业务收入、管理费用和销售产品成本的计算
	财务成果的计算和处理	如所得税费用计算，净利润的分配
	需要办理会计手续，进行会计核算的其他事项	略

2.2.2　实施会计监督

会计监督职能也称控制职能，是指会计人员通过会计工作对经济活动的真实性、合法性和合理性进行审查的功能。会计监督的具体内容包括：

（1）监督经济业务内容是否真实、数字是否准确、资料是否可靠。

（2）监督各项经济业务是否符合国家的有关法律法规，是否遵守了各项财经纪律。

（3）监督各项财务收支是否符合特定主体的财务收支计划，是否有贪污盗窃、营私舞弊等行为，企业财产是否安全完整。

 **会计核算职能与监督职能有什么关系？**

两项基本职能是相辅相成、辩证统一的关系。会计核算是监督的基础，没有会计核算提供的各种信息，监督就失去了可靠的依据；而监督是会计核算的延续和深化，也是会计核算质量的保障，只有核算、没有监督，就难以保证核算所提供信息的真实性、可靠性，也就不能发挥会计应有的作用。

2.3 四个会计假设

会计假设也称会计基本前提，它是会计确认、计量和报告的前提，是对会计核算所处时间、空间、计量等方面所作的合理设定。我国的《企业会计准则——基本准则》规定，会计假设包括会计主体、持续经营、会计分期和货币计量。

2.3.1 空间范围——会计主体

会计主体又称会计实体，是指会计工作为之服务的特定单位和组织。确定会计主体，就是要明确会计为谁核算经济业务，从而界定了会计核算的空间范围。

一般来说，会计主体应能进行独立的核算，能提供反映本特定主体经济情况的会计报表。因此，会计主体可以是一个特定的企业，也可以是一个企业的某一特定部分（销售部、分厂、分公司），也可以是由若干家企业通过合并组成的集团公司。

 **会计主体和法律主体是同一概念吗？**

会计主体和法律主体并不是同一概念。一般来说，法律主体是具有法人资格的法人单位，而会计主体是能进行独立核算的会计实体。法律主体（法人）往往是会计主体，但会计主体并不一定是法律主体（法人），如独资企业和合伙企业通常不具有法人资格，但可以作为会计主体。

2.3.2 时间范围——持续经营

持续经营是指企业或会计主体的生产经营无限期地延续下去，在可预见的未来，不会因清算、解散、倒闭而不复存在。会计主体确定后，只有假定这个主体持续正常经营，会计核算才能顺利进行，持续经营界定了会计工作的时间范围。

现行许多会计处理方法都是建立在持续经营的基础上的，如果没有这个前提条件，企业就不能按照正常的会计原则和会计处理方法进行核算。持续经营的前提，解决了会计上的财产计价和收益确认问题。例如，企业资产的价值采用历史成本计价，固定资产折旧采用直线法摊销，采用权责发生制确认收入等。

2.3.3 人为分期——会计期间

会计分期是指将会计主体持续经营的生产经营活动划分为一定的期间，以便分期结算账目和编制会计报表，从而提供企业财务状况和经营成果的会计信息。

在持续经营的情况下，企业的经营活动在时间上将无终止地进行下去，如果我们等到企业经营活动全部结束时，再进行盈亏的核算和编制财务报表，显然是行不通的。因此，我们需要把持续不断的生产经营活动人为地划分为若干相等的期间，这种人为的分期就是会计期间。因为有了会计分期，才产生本期与非本期的区别，继而才出现权责发生制和收付实现制；因为有了会计分期，才产生了成本费用在不同期间摊销的问题，才产生运用预收、应收、应付、预付等会计方法的需要。

我国《企业会计准则》规定："企业应当划分会计期间，分期结算账目和编制财务报告。会计期间分为年度和中期，中期是指短于一个完整的会计年度的报告期间。"我国目前以日历年度为一个会计年度，即从每年1月1日至12月31日。

2.3.4 必要手段——货币计量

货币计量是指会计主体在会计核算过程中采用货币作为统一的计量单位，记录反映会计主体的生产经营活动的情况。货币是衡量一般商品价值的共同尺度，它可以把千差万别的经济活动，进行统一汇总，从而取得连续、系统而综合的会计资料。但只有假定货币的价值保持不变，企业才可以用货币去度量经

济业务的价值量，才可以提供真实、可靠的会计信息。如果在持续的通货膨胀情况下，企业就不能以货币计量为前提，而应当采用通货膨胀会计方法，并在财务报告中予以说明。

我国企业会计核算应以人民币为记账本位币。有些业务收支以外币为主的单位，可以选定某种外币作为记账本位币，但编制的财务会计报告应当折算为人民币反映。在境外设立的中国企业向国内报送的财务会计报告时，也应当折算为人民币。

2.4　八个会计信息质量要求

会计信息质量要求也称会计基本原则，是指进行会计工作所应遵循的准则。为了规范会计人员的行为，保证会计信息的质量，必须明确会计信息的质量要求。按照我国《企业会计准则》的规定，包括可靠性、相关性、可理解性、可比性、实质重于形式、重要性、谨慎性和及时性八个方面。

2.4.1　可靠性

可靠性是指企业应当以实际发生的交易或事项为依据进行会计确认、计量和报告，如实反映各项会计要素及其相关信息，保证会计信息的真实可靠、内容完整。会计信息只有真实可靠，才是有用的信息，才是会计信息使用者需要的。然而，不真实、不可靠的会计信息，只会对投资者的决策造成误导。可靠性是会计核算工作的基本要求。

按照可靠性要求，企业应该做到：

第一，对于经济业务的记录和报告，应当做到不偏不倚，以客观事实为依据；

第二，会计核算的结果应当与经济业务的实际情况相一致，如实记录和报告各项要素的变动，不允许弄虚作假、隐瞒谎报；

第三，已发生的交易和事项都应当有合理合法的凭证，会计信息应当具有可验证性。

2.4.2　相关性

相关性也称有用性，是指企业提供的会计信息应当与会计报告使用者的经济决策需要相关，有助于会计报告使用者对企业过去、现在或者未来的情况作

出评价或者预测。

会计信息的价值，关键在于它是否与使用者的决策相关；是否有助于使用者评价企业过去的决策；是否有助于预测企业未来的财务状况、经营成果和现金流量。按照相关性要求，企业会计工作在收集、加工、处理和传递会计信息时，应充分考虑会计信息使用者对会计信息要求的不同特点，来保证各有关方面对会计信息的相关需要。

2.4.3　可理解性

可理解性要求企业提供的会计信息应当清晰明了，便于财务报告使用者理解和使用。企业会计提供的会计信息，必须充分考虑让其使用者理解会计信息的内涵，弄懂会计信息的内容，只有这样才能保证对会计信息的有效利用。按照可理解性要求，企业的会计记录和报告必须清晰、准确、简明、易懂，容易被人所理解。

2.4.4　可比性

企业提供的会计信息应当具有可比性，具体包括以下要求：

同一企业不同时期发生相同或相似的交易或者事项，应当采用一致的会计政策，不得随意变更。此要求主要是同一企业的纵向比较，它有利于提高会计信息的使用价值，防止会计主体通过会计程序和方法的变更，在会计核算中弄虚作假，粉饰财务会计报告。

不同企业发生相同或者相似的交易或事项，应当采用规定的会计政策，确保会计信息口径一致、相互可比。对于所有企业发生相同类型的经济业务，采用相同或类似的会计程序和方法，以便比较不同企业的财务状况和经营成果，会计指标口径一致，有利于企业之间的横向比较分析，做出有关的经济决策。

2.4.5　实质重于形式

实质重于形式要求企业应当按照交易或事项的经济实质进行会计确认、计量和报告，不应以交易或事项的法律形式为依据。在会计实务操作中，往往会遇到经济实质与法律形式不一致的情形。例如，融资租入的固定资产，在租期届满之前，从法律形式上看，所有权并没有转移给承租方，但从经济实质上看，与该项固定资产相关的风险和报酬已经转移给承租方，承租方实际上能够行使

对该项固定资产的控制权。因此，按照实质重于形式的要求，承租方应将融资租入的固定资产视为自有固定资产，并按一定的方法计提折旧。

2.4.6 重要性

重要性要求企业会计核算既要全面反映企业的财务状况和经营成果，又要对于影响经营决策的重要的交易和事项单独反映。具体来说，对于那些可能对经济决策产生重大影响的事项，应单独核算、分项反映，并在财务报告中重点说明；而对于次要的会计事项，在不影响会计信息质量的前提下，可适当简化会计核算，采用简单的会计处理方法，并在财务报告中合并反映。

判定会计事项的重要性，往往取决于会计人员的职业判断，这种判断主要从质和量两个方面来分析。从性质的方面讲，当会计事项的发生可能对决策有影响，就属于重要性事项；从数量的方面讲，当会计事项的发生达到总资产的一定比例（一般为 10%）时，则认为属于非重要事项。

2.4.7 谨慎性

谨慎性也称稳健性，是指企业对交易或者事项进行会计确认、计量和报告应当保持应有的谨慎，不应高估资产或收益、低估负债或者费用。谨慎性要求企业对经营中的不确定因素做出判断时，应保持必要的谨慎，一般坚持以下会计处理原则：不预计企业的收入，但预计可能发生的损失；对企业期末的资产计价宁可低估，不可高估。例如，应收款项预计坏账损失，计提坏账准备；长期资产预计资产贬值，计提资产减值准备。

2.4.8 及时性

及时性是指企业对已经发生的交易或事项，应当及时进行确认、计量和报告，不得提前或者延后。及时性要求企业对于提供的会计信息，要做到及时收集、及时加工、及时传递，以保证会计信息的时效性，提高会计信息的有用性。

2.5 六个会计要素

会计要素是为了实现会计目标，以会计假设为基础，对会计核算的内容所做的基本分类，是会计对象的组成部分，是会计报表所列示的内容。会计要素

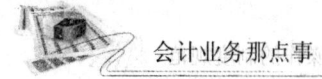

的基本内容，如图 2-1 所示。

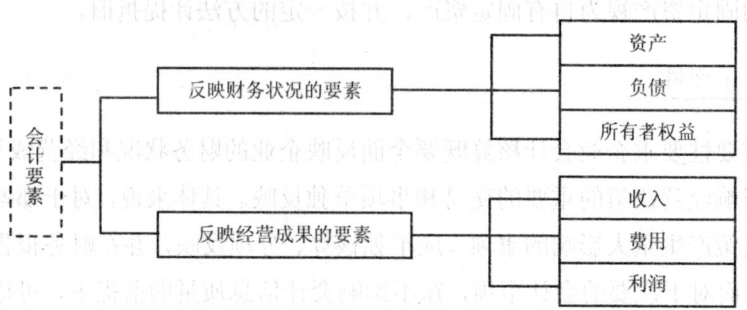

图 2-1　会计要素的构成

2.5.1　资产

资产是指由过去的交易或者事项形成的，由企业拥有或者控制的资源，该资源预期会给企业带来经济利益。资产是企业从事生产经营活动所需要的物质基础。例如，货币资金、厂房场地、机器设备、原材料、专利技术等。

根据资产的定义，资产具有以下特点：

（1）资产必须是企业过去的交易或事项形成的。只有过去发生的交易和事项才能增加或减少资产，形成现实的资产；未来的交易或事项由于尚未发生，只是预期的资产，会计上是不可以确认的。

（2）资产必须是为企业拥有或控制。一项资产予以确认，企业应该对其拥有所有权。但对于一些特殊方式形成的资产，企业虽然对其不拥有所有权，却能对其实施控制，也应当确认为自有资产，比如融资租入的固定资产。

（3）资产预期能给企业带来经济利益。凡是能为企业带来经济利益的都有可能称为企业的资产，包括财产、债权、其他权利等。那些没有经济价值、不能给企业带来经济利益的项目，企业不能作为资产予以确认。

资产以各种具体形态分布在生产经营的过程中，资产按流动性分为流动资产和非流动资产，具体内容如图 2-2 所示。

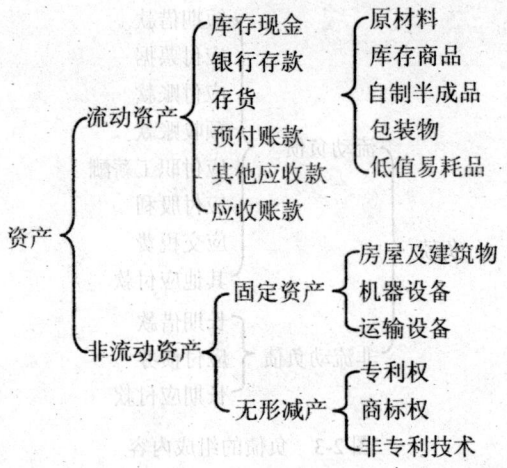

图 2-2　资产的组成内容

所谓"流动性"，是指它们变为现金或被耗用的难易程度（也称变现能力）。变现越快，说明流动性相对较强；变现越慢，说明流动性相对较弱。

2.5.2　负债

负债又称债权人的权益，是指企业过去的交易或事项形成的、预期会导致经济利益流出企业的现时义务。根据负债的定义，负债具有以下特点：

（1）负债是过去的交易或事项形成的，是企业的现实义务。对于已经发生的交易或事项，企业才有可能确认为负债，确认的负债是企业现行条件下应当承担的义务；而对于筹划的未来经济业务，如企业的采购计划，并不构成企业的负债。

（2）负债的偿还预期会导致经济利益流出企业。无论负债以何种形式出现，作为一种现实义务，其都需要以资产、劳务等来偿还，最终导致经济利益流出企业。

负债按偿还期限的长短分为流动资产和非流动资产，具体内容如图 2-3所示。

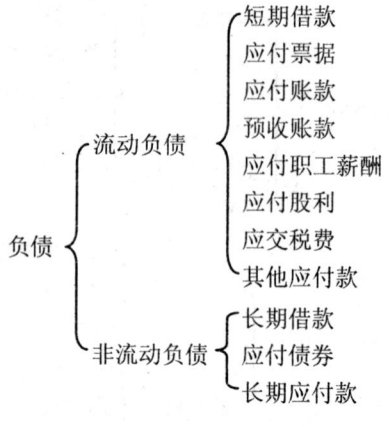

图 2-3　负债的组成内容

2.5.3　所有者权益

所有者权益，又称股东权益或净资产，是指企业资产扣除负债后由所有者享有的剩余权益，其金额等于资产减去负债后的余额。

所有者权益的来源包括所有者投入的资本、直接计入所有者权益的利得和损失、留存收益等。所有者权益具体内容如图 2-4 所示。

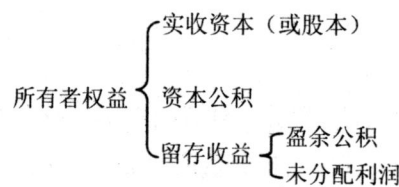

图 2-4　所有者权益的组成内容

利得和损失的涵义

利得是指企业非日常活动所形成的、会导致所有者权益增加的、与所有者投入资本无关的经济利益的流入。损失是指由企业非日常活动所发生的、会导致所有者权益减少的、与向所有者分配利润无关的经济利益的流出。直接计入所有者权益的利得和损失是不计入当期损益的，而是计入所有者权益。例如，投资性房地产按公允价值计量，公允价值大于账面价值，就产生直接计入所有

者权益的利得；反之，就产生直接计入所有者权益的损失。

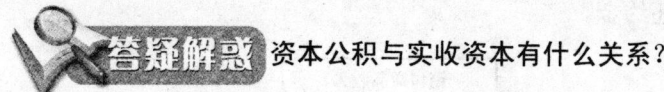 资本公积与实收资本有什么关系？

　　资本公积和实收资本虽然都属于所有者权益，但两者是有区别的。实收资本是企业在工商行政管理部门法定注册的资本，主要是投资者投入的；而资本公积则有其特定的来源，由所有投资者共同享有。例如，某公司经过几年的经营，取得了可观的收益，此时，一位朋友想加入公司。公司同意，这位朋友出资 160 万元，其中 100 万元作为注册资本，其余 60 万元则作为资本溢价，由全体投资者共有。

　　留存收益包括盈余公积和未分配利润。盈余公积是企业按照规定从净利润提取的法定公积金和任意盈余公积，未分配利润是企业实现的利润在缴纳所得税、弥补亏损、提取盈余公积和向投资者分配利润（或股利）后留存于以后年度分配的利润。

2.5.4　收入

　　收入是指企业在日常活动中形成的、会导致所有者权益增加的、与所有者投入资本无关的经济利益的总流入。根据收入的定义，收入具有以下特点：

　　（1）收入是从日常活动中产生，而不是从偶发的交易或事项中产生。明确日常活动是为了区分收入和利得的关系，不属于日常活动所形成的的经济利益流入应作为利得处理，如企业处置固定资产的净收益。

　　（2）收入会导致经济利益流入本企业，不包括为第三方或客户代收的款项，如增值税等。收入实现具体表现为资产增加、负债减少或者两者兼而有之。

　　（3）收入应当最终导致所有者权益的增加。

　　收入的组成内容如图 2-5 所示。

2.5.5　费用

　　费用指企业在日常活动中形成的、会导致所有者权益减少的、与向所有者分配利润无关的经济利益的总流出。根据费用的定义，费用具有以下特点：

　　（1）费用是从日常活动中产生的，而不是从偶发的交易或事项中产生的。明确日常活动是为了区分费用和损失的关系，不属于日常活动所形成的经济利益流出应作为损失处理，如企业处置固定资产的净损失、违法经营而支付的罚款、违反合同支付的违约金。

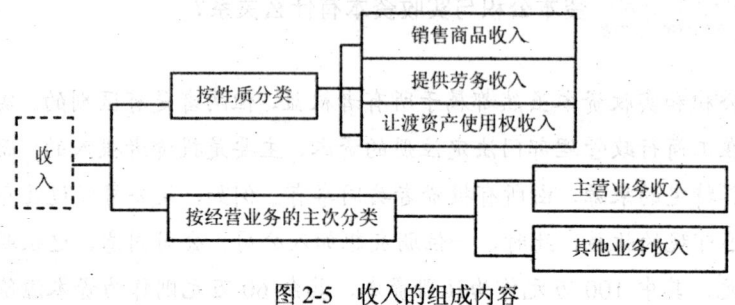

图 2-5　收入的组成内容

（2）费用会导致经济利益流出，该流出不包括向所有者分配利润。费用的发生往往表现为资产减少、负债的增加或者两者兼而有之。

（3）费用应当最终导致所有者权益的减少。

费用的组成内容如图 2-6 所示。

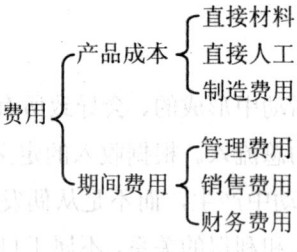

图 2-6　费用的组成内容

2.5.6　利润

利润是指企业在一定会计期间的经营成果，具体包括收入减去费用后的净额、直接计入当期利润的利得和损失等。反映企业利润的指标包括营业利润、利润总额和净利润。用等式表示：

营业利润=营业收入-营业成本-营业税金及附加-销售费用-管理费用-财务费用-资产减值损失+公允价值变动收益（-公允价值变动损失）+投资收益（-投资损失）

其中：

营业收入=主营业务收入+其他业务收入

营业成本=主营业务成本+其他业务成本

利润总额=营业利润+营业外收入-营业外支出

净利润=利润总额-所得税费用

企业的六大会计要素反映资金运动的静态和动态两个方面，它们在数量上存在特定的平衡关系，这就是我们所说的会计等式，如表 2-2 所示。

表 2-2　要素之间的关系

资产=负债+所有者权益=权益 =债权人的权益+所有者权益	收入-费用=利润
静态的资金运动	动态的资金运动
表明资金的来源和占用情况	表明经营成果与相应期间收入费用的关系
编制资产负债表的理论基础	编制利润表的依据

2.6　一个会计基础

根据《企业会计准则》规定，企业应当以权责发生制为基础进行会计确认、计量和报告。

权责发生制又称应收应付制，它是以收入和费用的实际发生和影响作为标准的，也就要求企业划分收入和费用的归属期时，应坚持以下原则：凡是当期已经实现的收入和已经发生或应负担的费用，无论款项是否已经收付，都应当作为当期的收入和费用处理，计入利润；凡是不属于当期的收入和费用，即使款项已在当期收付，也不应作为当期的收入和费用。

与权责发生制对应的确认基础是收付实现制，收付实现制主要以收到或支付现金作为确认收入和费用的依据。目前，我国行政事业单位会计主要采用收付实现制，除此以外，大部分企业都以权责发生制为会计确认计量的基础。

第 3 章

会计实务操作的方法

我们已经知道了会计实务操作的制度规范，明确了实务操作的基础知识，那么我们应该采取什么样的方法对经济业务核算呢？这就是本章要介绍的内容。

3.1 借贷记账法

记账方法一般分为单式记账法和复式记账法。单式记账法是对发生的经济业务，在一个账户中进行记录的方法；而复式记账法则以资产权益平衡的关系为基础，对每笔经济业务，都要在两个或两个以上的账户中相互联系的登记方法。复式记账方法一般有借贷记账法、收付记账法、增减记账法。我国企业会计准则明确规定，企业核算必须采用借贷记账法。

3.1.1 什么是借贷记账法

借贷记账法是以"借"和"贷"作为记账符号，根据会计平衡公式的原理，对发生的每一项经济业务，都以相等的金额，在两个或两个以上相互联系的账户中进行登记的方法。

采用借贷记账法，不仅可以全面反映各个会计要素的增减变动情况，体现经济业务的来龙去脉，还可以利用资产权益总额相等的关系，来检查账户记录的正确性。

知识链接

借贷记账法的起源

借贷记账法起源于中世纪的意大利。那时，借贷资本家按债权和债务关系

开设账户，设计了"借"、"贷"的两个记账方向。当借贷资本家取得货币时，形成债务记入"贷方"；出借货币时，形成债权记入"借方"。随着社会经济的发展，借贷记账法不断完善，"借"、"贷"两字逐渐脱离了其本来的含义，变成了纯粹的记账符号。20 世纪初，借贷记账法由日本传入我国，目前成为了我国法定的记账方法。

3.1.2　借贷记账法的特点

借贷记账法作为我国会计准则明确规定的方法，其本身具有以下主要特点。

1. 以"借"和"贷"作为记账符号

借贷记账法的"借"和"贷"仅代表记账符号，只是表明记账的两个方向。由于经济业务发生会引起会计要素的变动，即"增加"或"减少"，那么在借贷记账法下，"借"或"贷"都可以表示增加，也都可以表示减少，这完全取决于账户的性质和结构。一般来说，以"借"表示资产、成本、费用的增加，负债、所有者权益、收入和利润的减少；以"贷"表示资产、成本、费用的减少，负债、所有者权益、收入和利润的增加。

2. 以"有借必有贷，借贷必相等"作为记账规则

"有借必有贷"是指每笔经济业务，都要记入一个账户的借方，同时记入另一个（或几个）账户的贷方；或者记入一个账户的贷方，同时记入另一个（或几个）账户的借方。

"借贷必相等"是指每笔经济业务，引起的借方账户变化的金额与贷方账户变化的金额相等，任何时候都不例外。

3. 以"借方金额等于贷方金额"作为试算平衡的公式

采用借贷记账法，每笔经济业务都以相等的金额在相互对应账户的借方和贷方进行登记，借方的发生额与贷方发生额是相等的。因此，在一定会计期间内，把发生的经济业务全部登记入账后，所有账户的借方发生额合计数与所有账户的贷方发生额合计数是相等的，所有账户的借方期末余额合计数与所有账户贷方余的的合计数也必然是相等的。

3.1.3　借贷记账法的账户结构

一般来说，账户的结构分为左方和右方。在借贷记账法下，账户的左方为

"借方"，账户的右方为"贷方"，登记在借方的金额称为"借方发生额"，登记在贷方的金额称为"贷方发生额"，借贷方发生额相抵后，余额在借方称为"借方余额"，反之称"贷方余额"。到底哪一方登记增加额，哪一方登记减少额，则取决于账户的性质（具体账户内容详见第 4.1 节）。具体如表 3-1 所示。

表 3-1　借贷记账法下账户结构

账户的性质 ＼ 金额	增加数	减少数	期初、期末余额
资产类账户	借方（左方）	贷方（右方）	借方（左方）
成本、费用类账户	借方（左方）	贷方（右方）	一般无余额
负债、所有者权益类账户	贷方（右方）	借方（左方）	贷方（右方）
收入类账户	贷方（右方）	借方（左方）	一般无余额

综上所述，成本、费用类账户可以纳入资产类账户，收入类账户可以纳入负债、所有者权益类账户。这样我们可以把账户的基本结构分成两大类，即资产类账户（包括成本、费用类账户）和权益类账户（包括负债、所有者权益和收入类账户），如图 3-1 所示。

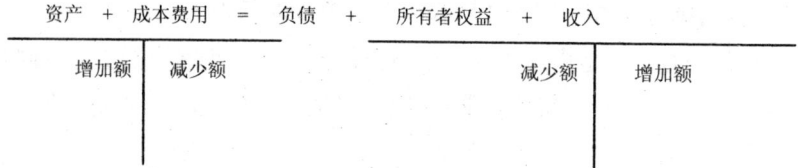

图 3-1　账户结构示意图

上述两类账户的余额和发生额之间的关系，可以用下列公式表示：
资产类账户期末余额=期初余额+本期借方发生额-本期贷方发生额
权益类账户期末余额=期初余额+本期贷方发生额-本期借方发生额

3.2　如何编制会计分录

企业的经济业务发生以后，我们应该运用借贷记账法，先编制会计分录，然后再登记到相应的账户中去。所谓的会计分录，就是按照借贷记账法的记账规则，对某项经济业务事项标明应借应贷的名称及其金额的一种记录。这种记

录会写在记账凭证上，详见第 4 章内容。

编制会计分录的步骤如下：

（1）确定经济业务事项所涉及的账户；

（2）明确所涉及的账户，是增加，还是减少；

（3）确定哪个账户记借方，哪个账户记贷方；

（4）确定所涉及账户的金额。

假设宏达公司 2012 年发生如下经济业务：

 实例 3-1

5 月 5 日，向本市红旗公司购入甲材料 2000 千克，单价 200 元，货款为 400 000 元，材料已验收入库，款项未付。

该业务使企业的资产和负债同时增加，"原材料"是资产类账户，"应付账款"是负债类账户，资产类账户借方表示增加，负债类账户贷方表示增加。编写分录为：

借：原材料——甲材料　　　400 000

　　贷：应付账款——市红旗公司　　400 000

 实例 3-2

5 月 10 日，企业生产 A 产品领用甲原材料 100 千克，单价 200 元。

该业务使企业的资产减少，产品的成本增加，"原材料"是资产类账户，"生产成本"是成本类账户，资产类账户贷方表示减少，成本类账户借方表示增加。编写分录为：

借：生产成本——A 产品　　　20 000

　　贷：原材料——甲材料　　　20 000

 实例 3-3

5 月 13 日，以银行存款购买一幢办公楼，买价 20 000 000 元，已交付销售部门使用。

该业务使企业的"固定资产"增加，"银行存款"减少，两个账户都是资产类账户，资产类账户借方表示增加，贷方表示减少。编写分录为：

借：固定资产　　　20 000 000

　　　　贷：银行存款　　　　20 000 000

 实例 3-4

　　5 月 18 日，以银行存款 150 000 元，偿还本市红旗公司的材料款。

　　该业务使企业的资产和负债同时减少，"银行存款"是资产类账户，"应付账款"是负债类账户，资产类账户贷方表示减少，负债类账户借方表示减少。编写分录为：

　　　　借：应付账款 —— 市红旗公司　　　　400 000

　　　　　　贷：银行存款　　　　400 000

 实例 3-5

　　5 月 25 日，厂长办公会决定，将法定盈余公积 100 000 元转增资本。

　　该业务使企业的"实收资本"增加，"盈余公积"减少，两个账户都是所有者权益类账户，所有者权益类账户贷方表示增加，借方表示减少。编写分录为：

　　　　借：盈余公积 —— 法定盈余公积　　　　100 000

　　　　　　贷：实收资本　　　　100 000

3.3　试算平衡表的编制

　　运用借贷记账法，根据资产与权益恒等的关系和借贷记账法的记账规则，企业可以编制所有账户的发生额试算平衡和余额的试算平衡，来检验一定时期内所发生经济业务账户记录的正确性。

3.3.1　发生额的试算平衡

　　在借贷记账法中，根据"有借必有贷，借贷必相等"的记账规则，每笔业务都要以相等的金额，分别记入相互对应的借方和贷方，借方的发生额必然等于贷方的发生额。那么，将一定时期的经济业务全部记入账户以后，所有账户的借方发生额合计与贷方发生额合计必然相等。现对上节宏达公司 2011 年 12 月份业务进行账务处理后，编制发生额的试算平衡表，如表 3-2 所示。

表 3-2　本月发生额试算平衡表
2011 年 12 月

账户	借方发生额	贷方发生额
原材料	400 000	20 000
应付账款	400 000	400 000
银行存款		20 400 000
固定资产	20 000 000	
生产成本	20 000	
盈余公积	100 000	
实收资本		100 000
合计	20 920 000	20 920 000

3.3.2　余额的试算平衡

在借贷记账法中，资产类账户的余额在借方，权益类账户的余额在贷方，其他的账户没有余额，并且资产与权益恒等，那么所有账户的借方余额等于所有账户的贷方余额。根据余额的时间不同，又可以分为期初余额和期末余额。用以下公式表示：

全部账户的借方期初余额合计=全部账户的贷方期初余额合计

全部账户的借方期末余额合计=全部账户的贷方期末余额合计

实际工作中，余额的试算平衡也是通过编制试算平衡表的方式进行的，如表 3-3 所示。

表 3-3　本月余额试算平衡表
2011 年 12 月

账户	期初余额		本期发生额		期末余额	
	借方	贷方	借方发生额	贷方发生额	借方	贷方
库存现金	1 000				1 000	
银行存款	30 000 000			20 400 000	9 600 000	
原材料	500 000		400 000	20 000	880 000	
固定资产	2 000 000		20 000 000		22 000 000	
生产成本			20 000		20 000	
应付账款			400 000	400 000		
短期借款		21 000				21 000

续表

账户	期初余额		本期发生额		期末余额	
	借方	贷方	借方 发生额	贷方 发生额	借方	贷方
盈余公积		200 000	100 000			100 000
实收资本		32 280 000		100 000		32 380 000
合计	32 501 000	32 501 000	20 920 000	20 920 000	32 501 000	32 501 000

在编制试算平衡时，应注意以下几点：

应将所有账户的金额全部记入试算平衡表。

如果发现试算平衡表借贷不相等，肯定是账户的记录出现错误，应及时查找问题，直到实现平衡为止。

注意： 即使实现了余额和发生额的平衡，并不能说明账户记录绝对正确，因为有些错误并不影响借贷双方的平衡关系。例如，①漏记了某项经济业务；②重记了某项经济业务；③某项业务记错了有关账户；④记账时，颠倒了借贷记账方向；⑤偶然的多记或少记相互抵消；等等。

第 4 章

会计实务操作的流程

对于企业日常所发生的各项经济业务，都要以填制和审核会计凭证为初始环节；然后按照设置的账户，运用借贷记账法记入有关账簿；一定时期终了，通过财产清查，在账证相符、账账相符、账实相符的基础上，根据账簿的记录，编制财务会计报表，完成向报表的使用者提供会计信息的目标。上述会计实务操作的流程，是一个全面、连续、系统、完整的会计核算方法体系，如图 4-1 所示。

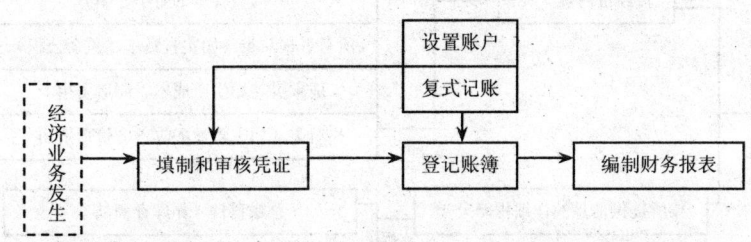

图 4-1　会计实务操作的流程

4.1　设置账户

会计的首要任务是正确地记录经济业务和反映经济活动的情况，为经济管理工作提供系统的核算资料和经济信息。核算资料和经济信息主要来源于各个账户，为此，企业必须设置账户。为了设置账户，首先要确定会计科目，因为账户是根据会计科目开设的。

4.1.1　会计科目

会计核算的对象是会计要素。在六个会计要素中，每一个要素都包括许多具体的内容，如资产包括库存现金、银行存款、应收账款、存货、固定资产等，负债包括短期借款、应付账款、应交税费等。如果我们要把企业所发生的每笔经济业务都清楚地记录下来，就必须对会计要素作进一步分类，并对这种分类赋予一个简明扼要又通俗易懂的名称。这就是我们所说的"会计科目"。会计科目是对会计要素按照不同的经济内容和管理需要进行分类的项目，通常，在实际工作中，会计科目也可简称为科目。

为了更好理解会计科目反映的内容，我们经常把会计科目分类，分类情况如图 4-2 所示。

在我国，会计科目必须根据企业会计准则，按照国家统一会计制度的要求设置和使用。为了方便实务操作应用，参照《企业会计准则》（2006 年）颁布的会计科目表，编制常用会计科目表，如表 4-1 所示。

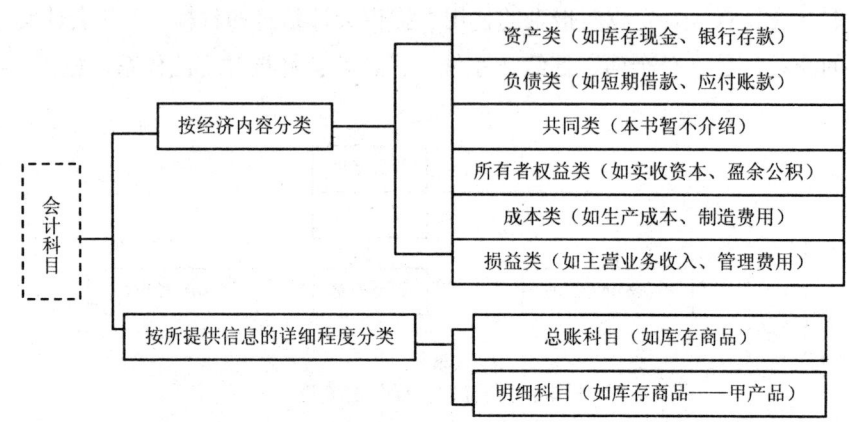

图 4-2　会计科目的分类

表 4-1　企业常用会计科目表

序号	编号	会计科目名称	序号	编号	会计科目名称
		一、资产类			二、负债类（续）
1	1001	库存现金	33	2202	应付账款
2	1002	银行存款	34	2203	预收账款
3	1012	其他货币资金	35	2211	应付职工薪酬
4	1101	交易性金融资产	36	2221	应交税费
5	1121	应收票据	37	2232	应付股利
6	1122	应收账款	38	2241	其他应付款
7	1123	预付账款	39	2501	长期借款

续表

序号	编号	会计科目名称	序号	编号	会计科目名称
8	1131	应收股利	40	2502	应付债券
9	1132	应收利息	41	2701	长期应付款
10	1221	其他应收款			三、所有者权益类
11	1231	坏账准备	42	4001	实收资本
12	1401	材料采购	43	4002	资本公积
13	1402	在途物资	44	4101	盈余公积
14	1403	原材料	45	4103	本年利润
15	1404	材料成本差异	46	4104	利润分配
16	1405	库存商品			四、成本类
17	1471	存货跌价准备	47	5001	生产成本
18	1531	长期应收款	48	5101	制造费用
19	1601	固定资产			五、损益类
20	1602	累计折旧	49	6001	主营业务收入
21	1603	固定资产减值准备	51	6051	其他业务收入
22	1604	在建工程	52	6111	投资收益
23	1605	工程物资	53	6301	营业外收入
24	1606	固定资产清理	54	6401	主营业务成本
25	1701	无形资产	55	6402	其他业务成本
26	1702	累计摊销	56	6403	营业税金及附加
27	1703	无形资产减值准备	57	6601	销售费用
29	1801	长期待摊费用	58	6602	管理费用
30	1901	待处理财产损溢	59	6603	财务费用
		二、负债类	60	6701	资产减值损失
31	2001	短期借款	61	6711	营业外支出
32	2201	应付票据	62	6801	所得税费用

4.1.2　设置账户

当经济业务发生时，只能通过会计科目记录涉及的内容，但是会计要素的增减变动，必须根据规定的会计科目开设账户。账户具有一定的格式和结构，可以反映会计要素的增减变动及其结果，是会计实务操作的基础。

答疑解惑 会计科目和账户有什么关系？

会计科目与账户是两个既有联系又有区别的概念。

它们的联系在于：会计科目是设置账户的依据；会计科目是设置账户的名称；账户是会计科目的具体运用；账户核算的经济内容就是会计科目规定的内容。

它们的区别在于：会计科目仅仅是账户的名称，不存在结构，而账户则具有一定的格式和结构。

账户的具体格式包括账户名称（会计科目）、记录经济业务的日期、凭证的编号、经济业务摘要、增减金额、余额等，如表4-2所示。

表4-2　银行存款账户

2011 年		凭证编号	摘要	借方	贷方	借或贷	余额
月	日						
12	1					借	30000.00
12	2	记 002	从银行提取现金		10000.00	借	20000.00

账户的基本栏目说明

	账户的名称	会计科目
账户的基本栏目	日期栏	用以说明记录经济业务的日期（年、月、日）
	凭证编号栏	表明记录经济业务的凭证号
	摘要栏	经济业务内容的简要说明
	增加（或借贷）金额栏	表明经济业务增减变动情况
	增或减（借或贷）方向栏	用以说明经济业务增减变动后结果的当前方向
	余额栏	表明经济业务增减变动后的结果

4.2　原始凭证的填制和审核

合法地取得、正确地填制和审核会计凭证，是会计核算工作的起点，是会

计核算的基础工作，也是对经济业务活动进行核算和监督的基本环节。它对完成会计工作的任务、实现会计的职能、充分发挥会计的作用具有重要的意义。

4.2.1　什么是原始凭证

原始凭证是在经济业务发生时直接取得或填制的，用以记录经济业务的主要内容和完成情况，明确经济责任的书面证明，是编制记账凭证的依据，是进行会计核算的原始资料。

4.2.2　原始凭证的种类

企业、行政事业单位的经济活动是多种多样的，因此，原始凭证的格式、填制手续、方法等也不尽相同，下面就将同类型原始凭证进行归纳、分析，如图 4-3 所示。

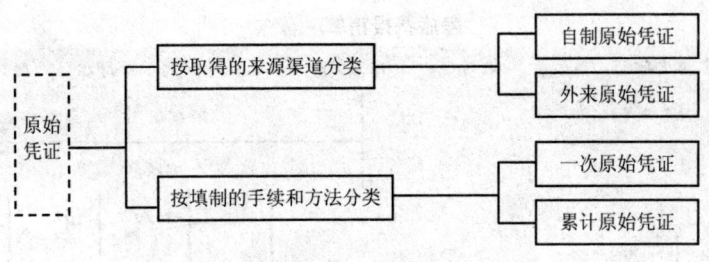

图 4-3　原始凭证的分类

4.2.3　原始凭证的基本内容

经济业务的内容是多种多样的，记录经济业务的原始凭证所包括的具体内容也不尽相同。但是，每种原始凭证都必须具备以下几个方面基本内容：

原始凭证的基本内容：

- 凭证的名称及编号；
- 填制原始凭证的日期；
- 接受原始凭证的单位名称或个人姓名；
- 经济业务的内容；
- 经济业务的数量、单价和金额；
- 填制原始凭证的单位名称或者填制人姓名；
- 经办人或责任人签名或盖章。

原始凭证的样式举例如图 4-4、图 4-5 所示。

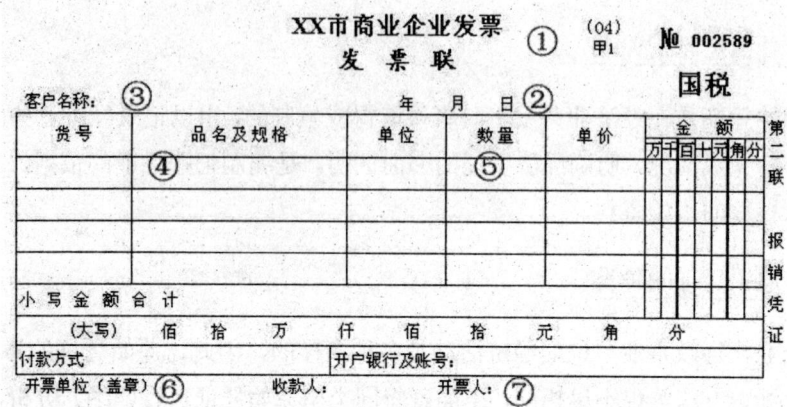

图 4-4　原始凭证的样式（一）

差旅费报销单

服务部门	批发部		姓名	张明	出差天数	自11月29日至12月18日共20天		
出差	联系业务			预借	日期	2009.12.15	金额	¥3000.00
事由				旅费	结算金额	¥3230.00		
	出发		到达	起地点	交通费	行李费	差旅费	住勤费	招待所

月	日	月	日	起地点	交通费	行李费	差旅费	住勤费	招待所
11	29	11	30	北京—武昌	730.00		1000.00	500.00	730.00
12	17	12	18	武昌—北京	500.00				
合计					零万零仟贰佰零拾零元零角零分				
主管	胡珍珍		会计	赵员	出纳	张金华		报销人	张海

图 4-5　原始凭证的样式（二）

4.2.4　原始凭证的填制

为了保证会计基础工作和全部会计核算的质量，真实、准确、及时地反映和记录经济业务的内容，在原始凭证填制过程中应该遵守下列要求：

（1）记录真实。原始凭证所填写经济业务的日期、内容和数字，必须与实际情况完全相符合。

（2）内容完整。对原始凭证基本要素要逐项填写完整，不得遗漏或省略。

（3）填写清楚。原始凭证要按规定填写，文字和数字要清楚、工整。

（4）手续完备。原始凭证必须有相关责任人的签名或盖章。

（5）填制及时。原始凭证必须在经济业务发生或完成时，及时进行填写或及时取得，并按规定的程序传递和审核。

错误凭证的处理方法

原始凭证中若出现错误，不得随意涂抹、刮擦或挖补，应当由出具单位重开或者更正，更正处应当加盖出具单位的公章。原始凭证金额有错误的，应当由出具单位重开，不得在原始凭证上更正。

如果原始凭证已预先印定编号，在需要作废时，应加盖"作废"戳记，并连同存根和其他各联全部保存，不得随意撕毁。

4.2.5　原始凭证的审核

原始凭证必须经过会计主管人员或指定人员进行认真严格的、逐项审查核实后，方能作为编制记账凭证和登记账簿的依据。审核原始凭证主要从以下两方面进行：

1. 审核原始凭证的完整性和准确性（对形式的审核）

主要是审核原始凭证上的每个项目填写是否全面、完整，原始凭证的填制手续是否齐全，填写的内容如数量、单价、金额是否正确。

2. 审核原始凭证的合法性和真实性（对内容的审核）

主要是对原始凭证是否有违反相关法律法规的情况，是否有贪污、盗窃、伪造凭证等违纪行为，审核原始凭证基本内容与客观实际是否相符。

4.3　记账凭证的填制和审核

从原始凭证到记账凭证是经济信息到会计信息的转变过程，这一会计加工过程实现了信息的质的变化，会计人员根据审核无误的原始凭证或原始凭证汇总表，应用借贷记账法，确定了经济业务的应借、应贷会计科目和金额。

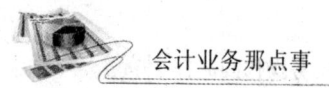

4.3.1 什么是记账凭证

记账凭证又称记账凭单，是会计人员根据审核无误的原始凭证或原始凭证汇总表进行归类、整理，并确定会计分录而编制的会计凭证，是登记账簿的直接依据。

4.3.2 记账凭证的种类

记账凭证的种类很多，不同性质、规模的会计主体可以根据自己的需要选择不同格式和不同种类的记账凭证，如图 4-6 所示。

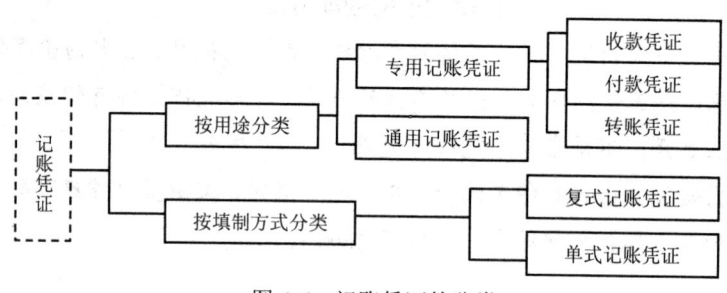

图 4-6　记账凭证的分类

4.3.3 记账凭证的基本内容

按照会计核算要求，通过记账凭证来确定所发生的每项经济业务应登记的账户的名称、应借应贷的金额等，因此记账凭证也是用来确定会计分录的一种核算形式。所以，不论采用何种形式，记账凭证都必须具备相同的基本内容。记账凭证包括的基本内容如图 4-7、图 4-8 所示。

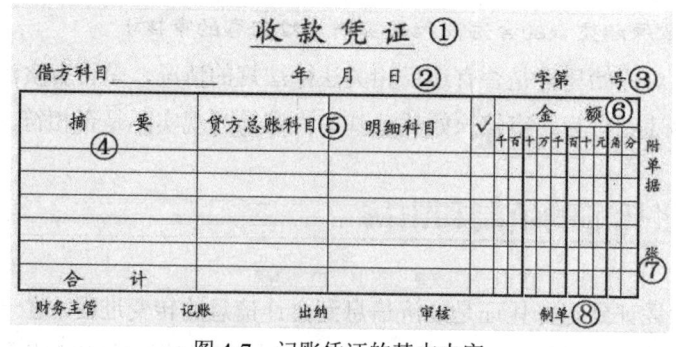

图 4-7　记账凭证的基本内容

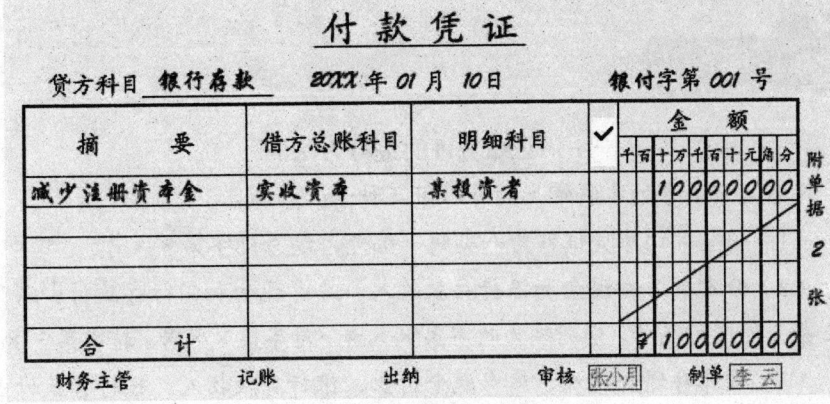

图 4-8 记账凭证的样式

记账凭证的基本内容：

- 记账凭证的名称；
- 记账凭证的填制日期；
- 记账凭证的顺序编号；
- 经济业务的摘要；
- 经济业务所涉及的会计科目，包括总账科目和明细科目；
- 经济业务所涉及的金额；
- 记账凭证所附原始凭证的张数；
- 有关责任人的签名或盖章，包括制单、审核、记账、财务主管等。

4.3.4 记账凭证的填制

填制记账凭证是一项重要的会计工作。填制出现错误，不仅要影响到账簿的登记，而且要影响到经费的收支、费用的汇集、成本的计算和会计报表的编制。因此，在填制记账凭证时，应注意以下几方面：

（1）选用适合企业情况的记账凭证。如收支业务不多的单位，可以使用通用的记账凭证；收支业务较多的单位，可以使用收款、付款、转账凭证。

（2）记账凭证应连续编号，以便记账、查账。

（3）记账凭证应填写经济业务的内容摘要，编制会计分录。

（4）注明所附原始凭证的件（张）数，注销记账凭证中的空白行。

（5）各种记账凭证都必须由填写人员或其专人审核签名或盖章。

记账凭证的编号方法

记账凭证编号的方法常见的有以下几种：

（1）将全部记账凭证作为一类统一编号，编为记字第××号；

（2）分别按库存现金和银行存款收入、库存现金和银行存款付出以及转账业务三类进行编号，分别编为收字第××号、付字第××号、转字第××号；

（3）按库存现金收入、库存现金付出、银行存款收入、银行存款讨出和转账五类进行编号，分别编为现收字第××号、现付字第××号、银收字第××号、银付字第××号、转字第××号。

4.3.5　记账凭证的审核

为了使记账凭证能够真实、准确地反映经济业务状况，保证账簿记录的质量，在依据记账凭证登记账簿之前，必须由有关人员对已填制完毕的记账凭证进行认真、严格的审核。审核的内容有：凭证的内容是不是真实；凭证的项目是否填写齐全；会计科目使用是否正确；有关人员是否签名或盖章。

在审核记账凭证过程中，如果发现未入账的记账凭证有问题，应重新填制；如果发现已入账的记账凭证有错误，应按照错账更正的方法予以更正。

4.4　登记会计账簿

在会计实务操作流程中，在完成会计凭证的填制和审核之后，应将会计凭证中记载的内容登记到会计账簿中，通过会计账簿的记录将会计凭证提供的资料进行归类、整理、汇总，为编制会计报表做准备。

登记会计账簿，是企业编制会计报表的基础，是连接会计凭证与会计报表的中间环节，在会计实务操作中具有重要意义。

4.4.1　什么是会计账簿

会计账簿，也称账本、账册，它是由一定格式的账页组成的，以经过审核的会计凭证为依据，序时、分类、连续、系统、全面记录和反映各项经济业务的簿籍。

账簿一般应具备封面、扉页和账页三大基本内容，具体如表 4-3 所示。

表 4-3　账簿具备的基本内容

封面	账簿的名称
	登记账簿的单位名称
扉页	账簿使用登记表（账簿名称、编号、页数、启用日期、经管人员姓名及交接记录）
	账户目录
	主管会计人员签章
账页	账户名称、总页数和分页数
	经济业务内容
	记账日期栏、凭证种类及号数栏、摘要栏、借贷金额栏、余额方向栏、余额栏

 **答疑解惑** 账簿和账户有什么关系？

账簿与账户有着十分密切的联系。账户的开设要依附在会计账簿上。在实际操作中，会计人员把会计科目作为账户名称，填入账页，这种填好户名的账页叫账户。可见，账簿只是一个外在形式，账户才是真实内容。所以，账簿和账户的关系，是形式和内容的关系。

4.4.2　会计账簿的分类

会计实务操作中使用的账簿，其种类是多样的，可以按照其用途、账页格式和外形特征等不同标准进行分类，如图 4-9 所示。

4.4.3　会计账簿的选用

会计账簿的种类很多，企业应按照国家的有关会计制度规定和自身经济活动的特点，选用相应的账簿，来及时登记发生的各项经济业务。

1. 现金日记账的选用

现金日记账是由出纳人员按照经济业务发生的时间顺序，根据有关现金收付凭证，逐日逐笔登记现金收入、支出和结出情况的账簿。

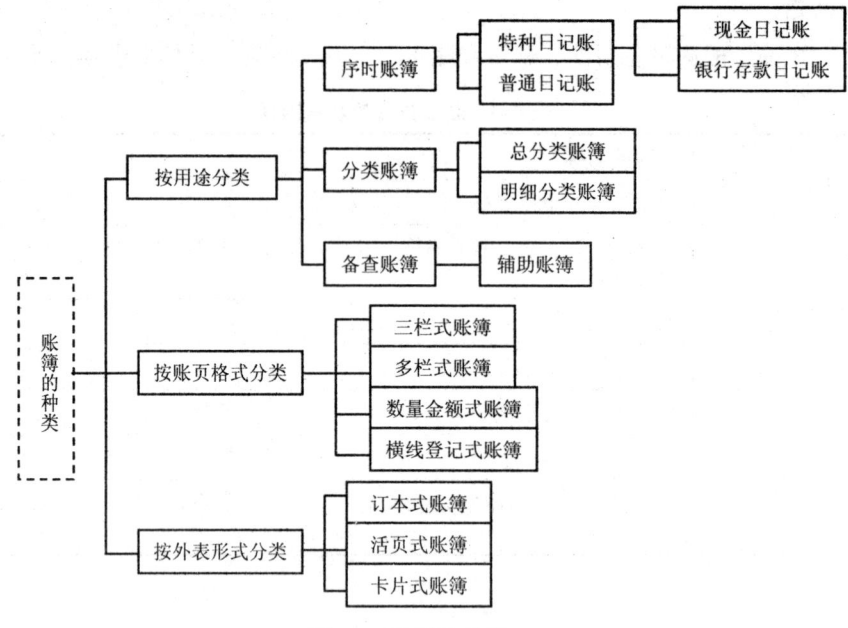

图 4-9 账簿的种类

现金日记账通常选用订本式账簿，采用设有"借方（或收入）"、"贷方（或支出）"、"余额（或结余）"三栏式结构的账页。现金日记账样式如图 4-10 所示。

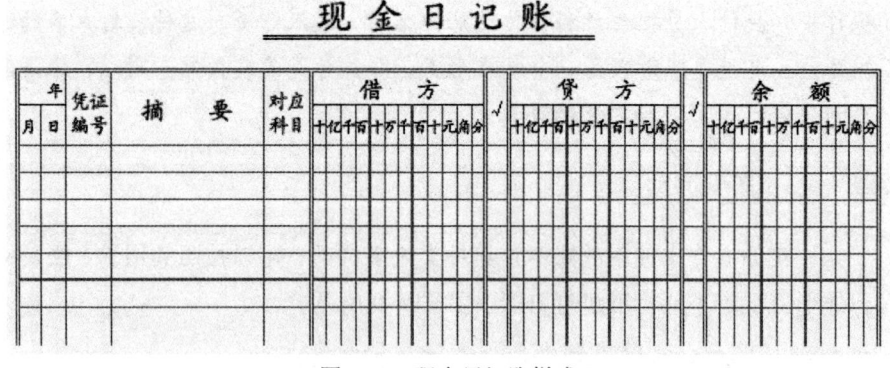

图 4-10 现金日记账样式

2. 银行存款日记账的选用

银行存款日记账是由出纳人员根据有关银行存款的凭证，按照经济业务发生的时间顺序，逐日逐笔登记银行存款的增减变化及其结果的账簿。

银行存款日记账通常选用订本式账簿，采用设有"借方（或收入）"、"贷方（或支出）"、"余额（或结余）"三栏式结构的账页。银行存款日记账样式如

图 4-11 所示。

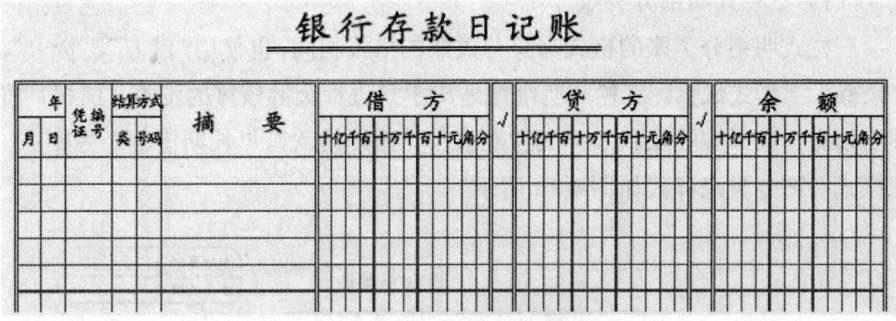

图 4-11　银行存款日记账样式

3．总分类账的选用

总分类账简称总账，是指按照总分类账户登记以提供总括会计信息的账簿。通过总账可以全面、系统、综合地反映企业所有的经济活动情况，可以为编制会计报表提供所需的资料。

总分类账通常选用订本式账簿，其基本结构为"借方"、"贷方"、"余额"三栏，总分类账样式如图 4-12 所示。

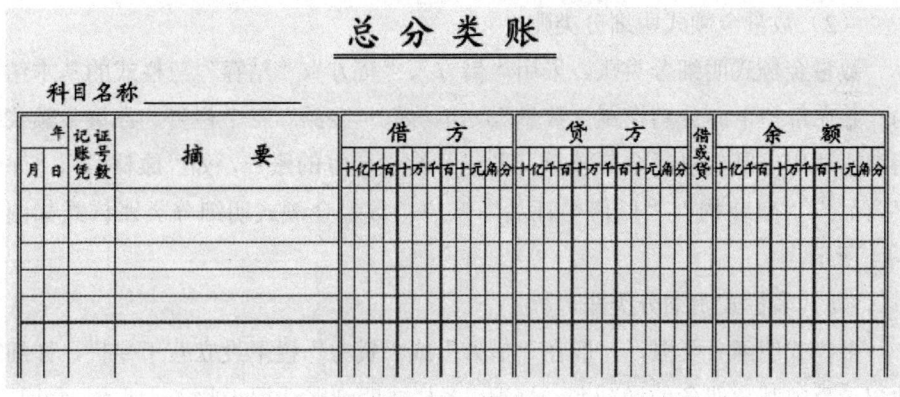

图 4-12　总分类账样式

4．明细分类账的选用

明细分类账简称明细账，是根据明细账户开设账页，分类、连续地登记经济业务以提供明细核算资料的账簿。明细账是总分类账的明细记录，它对总分类账起补充说明的作用，它所提供的资料也是编制会计报表的重要依据。

明细分类账通常选用活页式账簿，根据经济业务的特点，账页可选用三栏

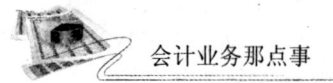

式、多栏式、数量金额式和横线登记式进行登记。

（1）三栏式明细分类账。

三栏式明细分类账的格式与总分类账的格式相同，也使用"借方"、"贷方"、"余额"三栏式账页。三栏式明细账适用于只进行金额核算的资本、债权、债务明细账，如"应收账款"、"应付账款"、"短期借款"、"长期借款"等账户。三栏式明细分类账样式如图4-13所示。

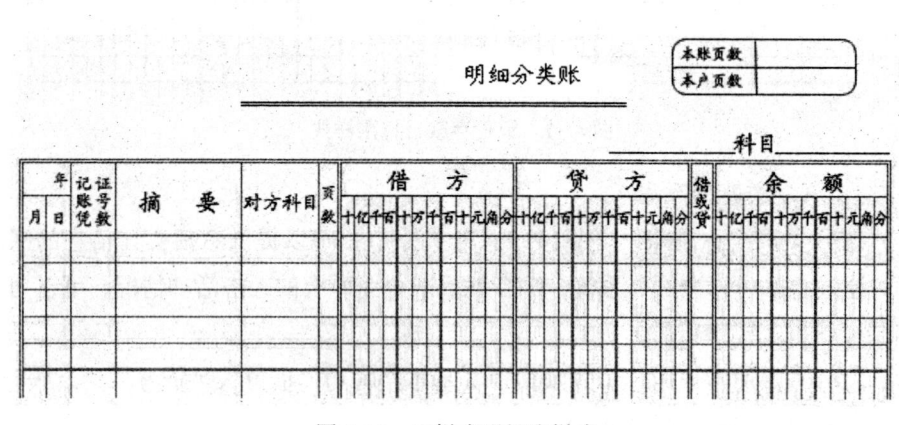

图4-13 三栏式明细账样式

（2）数量金额式明细分类账。

数量金额式明细分类账，采用"借方"、"贷方"、"结存"三栏式的基本结构，并在每栏下面分别设置"数量"、"单价"、"金额"三个栏目。数量金额式明细账适用于既要进行金额核算又要进行数量核算的账户，如"原材料"、"库存商品"、"包装物"、"低值易耗品"账户。数量金额式明细分类账样式如图4-14所示。

（3）多栏式明细分类账。

多栏式明细分类账，一般在"借方"或"贷方"栏下设立若干专栏，详细地记录反映某项业务的增减变动情况。多栏式明细账适用于收入、成本、费用、利润和利润分配明细账。如"管理费用"、"生产成本"、"本年利润"、"利润分配"账户。多栏式明细分类账样式如图4-15、图4-16所示。

（4）横线登记式明细分类账。

横线登记式明细分类账实际也是一种多栏式明细账，它在同一账页的同一行分设若干栏，详细记载一项经济业务从发生到结束的全部内容。这种明细账适用于需要进行逐笔对应反映的某些经济业务，如"应收票据"、"应付票据"、

“材料采购”、“其他应收款”等明细分类账。

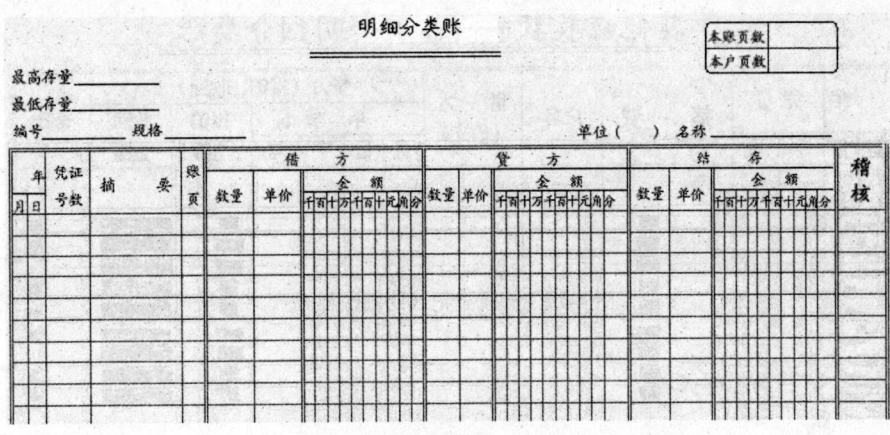

明细分类账

本账页数	
本户页数	

最高存量＿＿＿＿
最低存量＿＿＿＿
编号＿＿＿＿ 规格＿＿＿＿ 单位（ ） 名称＿＿＿＿

年		凭证号数	摘要	账页	借方			贷方			结存			稽核
月	日				数量	单价	金额（千百十万千百十元角分）	数量	单价	金额（千十万千百十元角分）	数量	单价	金额（千百十万千百十元角分）	

图 4-14　数量金额式明细账样式

本账页数	
本户页数	

管理费用　明细账

科目名称＿＿＿＿

月	日	记账凭证号数	摘要	借方	贷方	借或贷	余额	借（ ）方金额分析	
				十亿千百十万千百十元角分	十亿千百十万千百十元角分		十亿千百十万千百十元角分	百十万千百十元角分	百十万千百十元角分

图 4-15　借方金额分析多栏式明细账样式

本年利润明细账

本账页数	
本户页数	

科目名称＿＿＿＿

年		记账凭证		摘要	借方						贷方						借或贷	余额	√
月	日	种类	号数						……	合计					……	合计			

图 4-16　借贷金额分析多栏式明细账样式

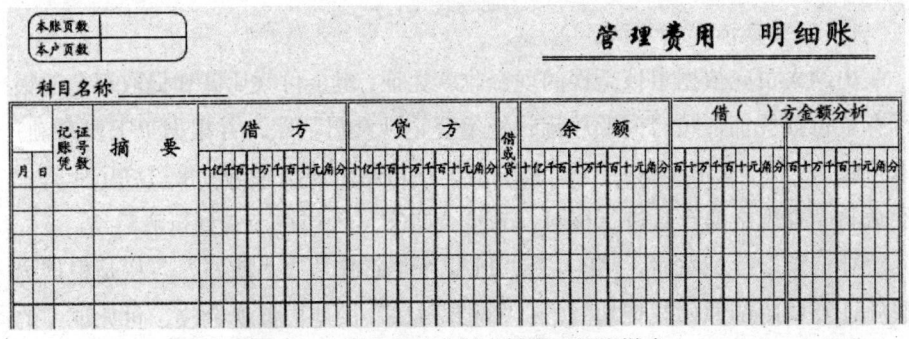

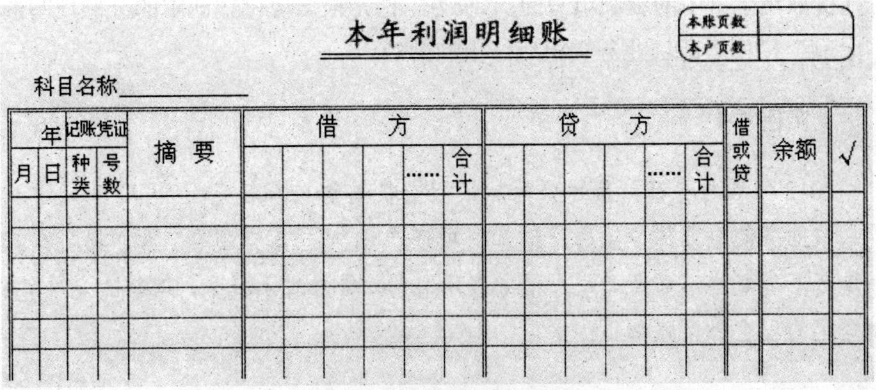

"其他应收款——备用金"明细分类账样式如图 4-17 所示。

其他应收款——备用金明细分类账

年		凭证		摘　　要	户名	借　方 (借支)	贷方（报销、收回）					备注
							年		凭证		报销 金额	收回 金额	
月	日	字	号				月	日	字	号			

图 4-17　横线登记式明细账样式

4.4.4　会计账簿的登记

会计人员选好会计账簿后，应按照账簿登记的要求，连续、系统、及时地登记各种账簿。

1. 现金日记账的登记

出纳人员应依据审核无误的现金收款凭证、现金付款凭证和提取现金的银行存款付款凭证，按时间顺序逐日逐笔登记现金日记账，并根据"上日余额+本日收入-本日支出=本日余额"的公式，逐日结出现金余额，每日终了应将余额数与库存现金实存数进行核对，来检查账实是否相符，做到日清日结。

登记现金日记账时，"年、月、日"、"凭证编号"、"摘要"各栏是根据记账凭证及所附的原始凭证填写的；"对方科目"栏是根据现金收、付凭证中的贷方科目或借方科目填写的；"借方"栏是根据现收凭证或银行存款的付款凭证（提取现金）中的金额填写的；"贷方"栏是根据现付凭证中的金额填写的；"余额"栏填写此项业务登记后结出的余额。

 实例 4-1

2012 年 6 月 5 日，宏达公司从银行提取现金 12 000 元。

该业务使企业的一项资产增加一项资产减少，"库存现金"和"银行存款"都是资产类账户，资产类账户借方表示增加，贷方表示减少，填制的会计凭证和登记的现金日记账如下：

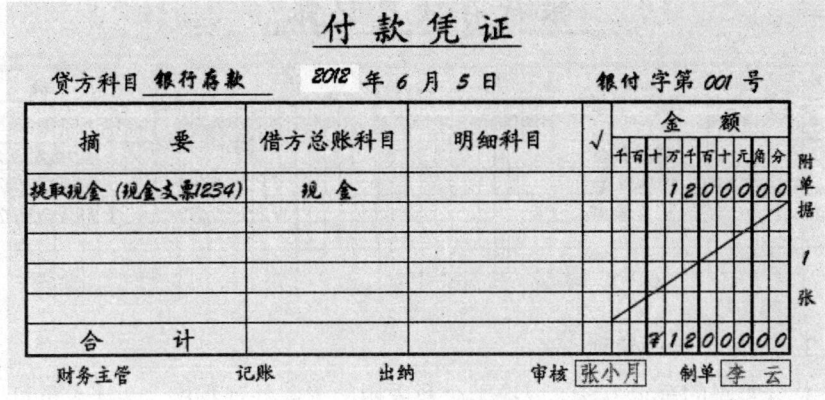

付款凭证

贷方科目 **银行存款**　　　　*2012* 年 *6* 月 *5* 日　　　　银付字第 *001* 号

摘　　　要	借方总账科目	明细科目	√	金　额 千百十万千百十元角分	附单据
提取现金 (现金支票1234)	现　金			1200000	单据
					1
					张
合　　　计				￥1200000	

财务主管　　　记账　　　出纳　　　审核 张小月　　　制单 李云

现 金 日 记 账

*2012*年 月 日	凭证 编号	摘　要	对应 科目	借　方 十亿千百十万千百十元角分	√	贷　方 十亿千百十万千百十元角分	√	余　额 十亿千百十万千百十元角分	√
6 1		期初金额						500000	
5	银付01	提取现金	银行存款	1200000				1700000	
5		本日收付合计及余额		1200000				1700000	

2. 银行存款日记账的登记

出纳人员登记银行存款日记账时，应根据有关银行存款的收款凭证、付款凭证和缴存现金的现金付款凭证，分别填写"年、月、日"、"凭证编号"、"摘要"各栏；"结算方式"栏是根据经济业务所涉及的结算凭证的种类和编号填写的，如"现金支票"、"转账支票"等；"借方"栏是根据银行存款收款凭证和缴存现金的现金付款凭证中的金额填写的；"贷方"栏是根据银行存款付款凭证中的金额填写的；"余额"栏填写此项经济业务登记后结出的余额。期末，银行存款日记账与开户银行转来的对账单应进行逐笔核对，以检验企业银行存款日记账的记录是否正确。

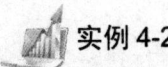 实例 4-2

根据实例4-1，银行存款日记账的登记如下：

银行存款日记账

2012年		凭证编号	结算方式		摘　要	借　方	✓	贷　方	✓	余　额
月	日		类	号码		十亿千百十万千百十元角分		十亿千百十万千百十元角分		十亿千百十万千百十元角分
6	1				期初金额					2 0 0 0 0 0 0 0
	5	银付001	现支530		提取现金			1 2 0 0 0 0 0		1 8 8 0 0 0 0 0
	5				本日合计			1 2 0 0 0 0 0		1 8 8 0 0 0 0 0

3. 总分类账的登记

总分类账的登记方法，取决于企业采用的账务处理程序。会计人员可以直接根据收款凭证、付款凭证、转账凭证及所附的原始凭证逐笔进行登记；也可以根据经过汇总的记账凭证汇总表或科目汇总表进行登记；还可以根据汇总收款凭证、汇总付款凭证和汇总转账凭证进行登记。总分类账中各栏所记的内容应与记账凭证、记账凭证汇总表或汇总记账凭证内各项记载的内容一致，并及时结算出余额。

技能ABC

科目汇总表的编制方法

科目汇总表是将一定时期内发生的全部记账凭证按总账科目进行汇总，计算出每一总账科目的本期借方发生额和贷方发生额，并以此作为登记总账的依据。科目汇总表的编制步骤：首先，根据记账凭证编制"T"型账户，将本期的各会计科目发生额分别计入对应的"T"账户；然后，在"T"型账户中计算各会计科目的借方发生额和贷方发生额合计数；最后，将各会计科目的发生额合计数填入科目汇总表的"本期发生额"栏内，并将所有的会计科目本期借方发生额与贷方发生额进行合计，借贷合计金额相等后，可用来登记总账。

实例4-3

2012 年 5 月 31 日，宏达公司对 5 月 1 日至 31 日的记账凭证进行汇总，编制的科目汇总表如表 4-4 所示。

表 4-4 科目汇总表

2012 年 5 月 1 日至 5 月 31 日　　　　　　　　　　　　　　汇字 701 号

借方发生额	√	会计科目	贷方发生额	√
132 000		应收账款	4 000	
		主营业务收入	100 000	
		应交税费	17 000	
4 000		银行存款	10 000	
		其他业务收入	5 000	
136 000		合计	136 000	

 实例 4-4

根据实例 4-3,应收账款总账的登记如下:

总 分 类 账

科目名称　**应收账款**

2012年		记账凭证账号页数	摘要	借方 十亿千百十万千百十元角分	贷方 十亿千百十万千百十元角分	借或贷	余额 十亿千百十万千百十元角分
月	日						
5	1		期初余额			借	950000
	31	汇701	1-31日汇总转入	13200000	400000	借	13600000

4. 明细分类账的登记

明细分类账可以根据审核无误的记账凭证及所附的原始凭证和原始凭证汇总表逐日逐笔进行登记,也可以根据经济业务的实际情况和经营管理的需要,定期汇总登记。如固定资产、债权、债务等明细账应逐日逐笔登记;库存商品、原材料、收入、费用明细账可以逐笔登记,也可以定期汇总登记。

4.5 编制财务报表

编制财务报表是会计实务操作流程的最后一步,也是我们会计实务操作的终点。企业只有编制财务报表,才能完成会计信息的传递,才能满足信息使用者的需要,才能实现会计的最终目标。

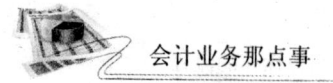

4.5.1　什么是财务报表

　　财务报告是指企业对外提供的反映企业某一特定日期财务状况和某一会计期间经营成果、现金流量等会计信息的文件。财务报告包括财务报表、财务报表附注和其他应当在财务会计报告中披露的相关信息和资料，财务报表是财务报告的核心内容。财务报表至少应当包括资产负债表、利润表、现金流量表、所有者权益变动表和附注。小企业可以不编制现金流量表。

4.5.2　财务报表的种类

　　财务报表可以按照不同的标准进行分类，如表 4-5 所示。

表 4-5　财务报表的分类

划分标准	分类	说明
按反映的经济内容	静态的报表	资产负债表
	动态的报表	利润表、现金流量表
按编制的时间	年度财务报表	企业每年末编制的财务报表，包括资产负债表、利润表、现金流量表、所有者权益变动表
	中期财务报表	企业于年度中期末、季末和月末编制的会计报表，包括资产负债表、利润表、现金流量表
按编表会计主体	个别财务报表	企业编制的只反映企业本身的财务状况、经营成果和现金流量的财务报表
	合并财务报表	反映母公司和子公司组成的企业集团整体财务状况、经营成果和现金流量的财务报表
按报送对象	外部财务报表	满足企业外部投资者、债权人和政府部门了解企业经营状况和财务成果的需要而对外报送的财务报表
	内部财务报表	满足企业内部经营管理的需要而向内部管理者报送的财务报表

4.5.3　资产负债表的编制

　　资产负债表是企业财务报告的主要内容，它有助于评价企业的资产状况、资产的构成情况以及企业偿债能力，有助于衡量企业的财务风险和财务实力。

　　1.　资产负债表的结构

　　资产负债表是反映企业某一特定日期财务状况的会计报表。它是根据"资产=负债+所有者权益"这一会计等式为理论依据，依照一定的标准和顺序，反

映企业特定日期的所拥有的资源（资产）、所承担的现时义务（负债）和对净资产的要求权（所有者权益）。

我国企业的资产负债表一般采用账户式结构，左方为资产项目，按照资产的流动性大小排列；右方为负债和所有者权益项目，一般按照求偿权顺序排列。具体格式如表4-6所示。

表4-6 资产负债表
会企01表

编制单位： 年 月 日 单位：元

资产	期末余额	年初余额	负债和所有者权益	期末余额	年初余额
流动资产：			流动负债：		
货币资金			短期借款		
交易性金融资产			交易性金融负债		
应收票据			应付票据		
应收账款			应付账款		
预付账款			预收账款		
应收利息			应付职工薪酬		
应收股利			应交税费		
其他应收款			应付利息		
存货			应付股利		
一年内到期的非流动资产			其他应付款		
其他流动资产			一年内到期的非流动负债		
流动资产合计			其他流动负债		
非流动资产：			流动负债合计		
可供出售金融资产			非流动负债：		
持有至到期投资			长期借款		
长期应收款			应付债券		
长期股权投资			长期应付款		
投资性房地产			专项应付款		
固定资产			预计负债		
在建工程			递延所得税负债		
工程物资			其他非流动负债		

续表

资产	期末余额	年初余额	负债和所有者权益	期末余额	年初余额
固定资产清理			非流动负债合计		
生产性生物资产			负债合计		
油气资产			所有者权益:		
无形资产			实收资本（或股本）		
开发支出			资本公积		
商誉			减：库存股		
长期待摊费用			盈余公积		
递延所得税资产			未分配利润		
其他非流动资产			所有者权益合计		
非流动资产合计					
资产总计			负债和所有者权益总计		

2. 资产负债表的编制方法

编制资产负债表首先要将编制单位、编制日期和计量单位填写清楚，这些要素组成了资产负债表的表头。资产负债表的正表，需要填列"期初余额"和"期末余额"两栏。其中"年初余额"栏的数字，应根据上年末资产负债表的"期末余额"栏内的数字填列。"期末余额"栏的各项内容一般有以下几种填制方法。

（1）根据总账科目的期末余额直接填列。

在编制资产负债表时，根据总账科目的期末余额直接填列的项目有：交易性金融资产、应收利息、应收股利、固定资产清理、开发支出、长期待摊费用、递延所得税资产、短期借款、交易性金融负债、应付职工薪酬、应交税费、应付利息、应付股利、预计负债、递延所得税负债、实收资本、资本公积、库存股、盈余公积等。

（2）根据两个或两个以上总账科目的期末余额计算填列。

如"货币资金"项目，就是根据"库存现金"、"银行存款"和"其他货币资金"三个账户期末余额的合计数填列的。

（3）根据明细分类科目的期末余额计算填列。在编制资产负债表时，根据明细科目的期末余额计算填列的项目有：

应收账款="应收账款"的借方余额+"预收账款"的借方余额-坏账准备

预付账款="预付账款"的借方余额+"应付账款"的借方余额

应付账款="应付账款"的贷方余额+"预付账款"的贷方余额

预收账款="预收账款"的贷方余额+"应收账款"的贷方余额

（4）根据总分类科目和明细分类科目的期末余额分析计算填列。

在编制资产负债表时，需要总分类科目和明细分类科目的期末余额分析计算填列，如"长期借款"、"应付债权"、"长期应付款"等项目，就是根据各总账科目的期末余额减去即将在一年内到期的长期负债金额后填列，而一年内到期的长期负债，填列到"一年内到期的非流动负债"项目。

（5）根据有关资产科目的余额减去其备抵项目后的净额填列。

有些项目要根据有关资产科目的余额减去备抵项目后的净额填列，如"应收账款"、"其他应收款"、"应收票据"、"长期股权投资"、"投资性房地产"、"在建工程"、"固定资产"、"工程物资"、"无形资产"等项目。"固定资产"项目，要根据"固定资产"科目余额减去"累计折旧"和"固定资产减值准备"科目的余额后的净额填列；还有"无形资产"项目，也是根据"无形资产"科目余额减去"累计摊销"和"无形资产减值准备"科目的余额后的净额填列。

4.5.4　利润表的编制

利润表是企业对外报送的主要报表之一，它可以分析企业利润形成的原因，评价企业的盈利能力。

1．利润表的结构

利润表是反映企业一定会计期间经营成果的会计报表。它是根据"收入-费用=利润"会计等式，反映企业在一定的经营期间内取得的全部的收入和费用，还反映收入和费用相抵后计算出的利润总额、净利润以及每股收益。

我国企业的利润表一般采用多步式结构，利润表由表头和正表构成。利润表的表头包括报表名称、报表的编号、编制单位、编制日期和计量单位等。利润表的正表是按照利润形成的主要环节——营业利润、利润总额、净利润进行填列的。具体格式如表 4-7 所示。

2．利润表的编制方法

编制利润表首先要将编制单位、编制时间和计量单位填写清楚，利润表的正表，需要填列"本期金额"和"上期金额"两栏。其中"上期金额"栏的数字，应根据上个报告期的实际发生数填列。"本期金额"栏的各项内容一般有

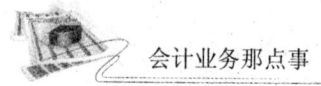

以下几种填制方法。

表 4-7　利润表

会企 02 表

编制单位：　　　　　　　年　月　日　　　　　　单位：元

项目	本期金额	上期金额
一、营业收入		
减：营业成本		
营业税金及附加		
销售费用		
管理费用		
财务费用		
资产减值损失		
加：公允价值变动收益（损失以"-"号填列）		
投资收益（损失以"-"号填列）		
其中：对联营企业和合营企业的投资收益		
二、营业利润（损失以"-"号填列）		
加：营业外收入		
减：营业外支出		
其中：非流动资产处置损失		
三、利润总额（损失以"-"号填列）		
减：所得税费用		
四、净利润（损失以"-"号填列）		
五、每股收益		
（一）基本每股收益		
（二）稀释每股收益		

（1）根据总账科目发生额直接填列。

在编制利润表时，根据总账科目的发生额直接填列的项目有：营业税金及附加、销售费用、管理费用、财务费用、资产减值损失、营业外收入、营业外支出、所得税费用等。

（2）根据几个总账科目的发生额计算填列。

在编制利润表时，需要根据几个总账科目的本期发生额计算填列。如：

"营业收入"项目本期金额＝"主营业务收入"科目本期的贷方发生额+

"其他业务收入"科目本期的贷方发生额

"营业成本"项目本期金额="主营业务成本"科目的本期借方发生额+"其他业务成本"科目本期的借方发生额

（3）根据明细科目发生额分析填列。

对于"其中：对联营企业和合营企业的投资收益"和"其中：非流动资产处置损失"两个项目，要根据"投资收益"和"营业外支出"两个总账科目所属的明细科目分析填列。

（4）根据科目借贷方发生额相抵后的净额分析填列。

对于"公允价值变动收益"和"投资收益"项目，要根据它们借贷发生额相抵后的净额填列。如果是贷方净额，则直接填列；如果是借方净额，在收益项目中，则用"-"号填列。

（5）根据相关项目的对比关系计算填列。

对于"基本每股收益"和"稀释每股收益"，要根据企业当期净利润和企业公开发行在外的普通股或潜在普通股的股数计算填列。

4.5.5 现金流量表的编制

现金流量表也是企业财务报告中的主要内容，它有助于了解企业的现金的流入、现金的流出以及现金的净流量，分析预测企业产生未来的现金流量的能力。

1. 现金流量表的结构

现金流量表是反映企业一定时期内现金和现金等价物流入和流出情况的报表，它是一张动态的报表。现金流量表的编制基础就是现金和现金等价物。现金是指企业的库存现金以及可以随时用于支付的存款，包括库存现金、可以随时支付的银行存款和其他货币资金；现金等价物是指企业持有的期限短、流动性强、易于转换为已知金额现金以及价值变动风险很小的投资，如在证券市场上流通的三个月到期的短期债权投资。

我国企业的现金流量表一般采用报告式结构，分类反映经营活动产生的现金流量、投资活动产生的现金流量、筹资活动产生的现金流量，最后汇总反映企业一定期间现金和现金等价物的净增加额。现金流量表的具体格式如表 4-8 所示。

会计业务那点事

表 4-8　现金流量表

会企 03 表

编制单位：　　　　　　　　　　　年　　月　　　　　　　　　　　单位：元

项目	本期金额	上期金额
一、经营活动产生的现金流量		
销售商品、提供劳务收到的现金		
收到的税费返还		
收到其他与经营活动有关的现金		
经营活动现金流入小计		
购买商品、接受劳务支付的现金		
支付给职工以及为职工支付的现金		
支付的各项税费		
支付其他与经营活动有关的现金		
经营活动现金流出小计		
经营活动产生的现金流量净额		
二、投资活动产生的现金流量		
收回投资收到的现金		
取得投资收益收到的现金		
处置固定资产、无形资产和其他长期资产收回的现金净额		
收到其他与投资活动有关的现金		
投资活动现金流入小计		
购置固定资产、无形资产和其他长期资产支付的现金		
投资支付的现金		
支付其他与投资活动有关的现金		
投资活动现金流出小计		
投资活动产生的现金流量净额		
三、筹资活动产生的现金流量		
吸收投资收到的现金		
取得借款收到的现金		
收到其他与筹资活动有关的现金		
筹资活动现金流入小计		
偿还债务支付的现金		
分配股利、利润或偿付利息支付的现金		
支付其他与筹资活动有关的现金		

项目	本期金额	上期金额
筹资活动现金流出小计		
筹资活动产生的现金流量净额		
四、汇率变动对现金及现金等价物的影响		
五、现金及现金等价物净增加额		
加：期初现金及现金等价物余额		
六、期末现金及现金等价物余额		

2. 现金流量表的编制方法

编制现金流量表时，一般根据企业业务量的特点，采用工作底稿法、T 形账户法或直接根据有关科目的记录分析填列。

工作底稿法是以工作底稿为手段，以利润表和资产负债表数据为基础，对现金流量表中每一项目进行分析并编制调整分录，从而编制出现金流量表的一种方法。

T 形账户法是以利润表和资产负债表为基础，结合有关账户的计录，对现金流量表中每一项目进行分析并编制调整分录，通过 T 形账户编制出现金流量表的一种方法。

分析填列法是依据资产负债表、利润表和有关账户明细账的记录，分析计算各项目现金和现金等价物流入、流出的金额，并据以编制现金流量表的一种方法。

4.5.6　所有者权益变动表的编制

所有权益变动表属于年度报表，它能全面反映企业的股东权益在年度内的变化情况，有利于信息使用者作出正确的投资决策。

1. 所有者权益变动表的结构

所有者权益变动表是反映企业构成所有者权益的各组成部分当期增减变动情况的会计报表。所有者权益变动表一般列示的内容有：净利润、直接计入所有者权益的利得和损失项目及其总额、会计政策变更和差错更正的累计影响金额、所有者投入资本和向所有者分配利润、按照规定提取的盈余公积、实收资本、资本公积、盈余公积、未分配利润的期初和期末余额及其调节情况。

一般企业所有者权益变动表的构成如表 4-9 所示。

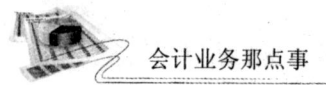

表 4-9 所有者权益变动表

会企 04 表

编制单位：　　　　　　　　　　　　　　　　年度　　　　　　　　　　　　　单位：元

项目	本期金额					
	实收资本（或股本）	资本公积	减：库存股	盈余公积	未分配利润	所有者权益合计
一、上年年末余额						
加：会计政策变更						
前期差错更正						
二、本年年初余额						
三、本年增减变动金额（减少以"-"号填列）						
（一）净利润						
（二）直接计入所有者权益的利得和损失						
1、可供出售金融资产公允价值变动净额						
2、权益法下被投资单位其他所有者权益变动的影响						
3、与计入所有者权益项目相关的所得税影响						
4、其他						
上述（一）和（二）小计						
（三）所有者投入和减少资本						
1、所有者投入资本						
2、股份支付计入所有者权益的金额						
3、其他						
（四）利润分配						
1、提取盈余公积						
2、对所有者（或股东）的分配						
3、其他						
（五）所有者权益内部结转						
1、资本公积转增资本						
2、盈余公积转增资本						
3、盈余公积弥补亏损						
4、其他						
四、本期期末余额						

2. 所有者权益表的编制方法

所有者权益变动表的各项内容应当根据当期净利润、直接计入所有者权益的利得和损失项目、所有者投入资本和提取盈余公积、资本公积转增资本、向所有者分配利润等情况分析填列。

第 5 章

会计实务操作的要求

会计实务操作是一种系统性、规范性活动，作为一名合格的会计人员，就必须熟练掌握会计实务操作的要求，并在日常工作中严格地贯彻和执行。

5.1 会计凭证填制要求

填制和审核会计凭证是会计实务操作流程的第一步，它是对经济业务活动进行核算和监督的基本环节。会计人员在进行实务操作时，应遵循会计凭证的填制要求，这样才能保证会计资料的真实性、合法性、合理性，顺利实现会计目标。

5.1.1 原始凭证填制要求

原始凭证是会计核算的基础性文件，原始凭证填制的正确与否直接关系到会计核算的有效性。正确填制原始凭证是会计人员必须具备的基本技能之一。填制原始凭证必须遵循以下要求：

1. 记录填写要真实

原始凭证所填写的经济业务的日期、内容、数量、金额等要素，必须真实可靠，与实际情况完全相符合。

2. 填列内容要完整

原始凭证需要填写的项目必须逐项填列齐全，不得有遗漏和省略。对于有大、小写金额的数字必须一致；一式多联的发票或收据应注明各联次的用途，书写时必须用双面复写纸套写，各联次的字迹必须清晰，易于辨认。

3. 填写手续要完备

从外单位取得的原始凭证，必须加盖单位公章；从个人取得的原始凭证，

必须有填制人员的签名盖章。对外开出的原始凭证必须加盖本单位公章；自制的原始凭证也必须有财务部门负责人或指定人员的签字。

4. 书写内容要规范

原始凭证书写时，文字要简要，字迹要清楚，不得使用未经国务院公布的简化汉字。大写金额用汉字零、壹、贰、叁、肆、伍、陆、柒、捌、玖、拾、佰、仟、万、亿、元、角、分、整等，一律用正楷或行书字书写，不得使用0、一、二、三、四、五、六、七、八、九、十等代替。大写金额前应加写"人民币"三个字，"人民币"字样和大写金额之间不得留有空白。大写金额到元或角为止的，后面要写"整"或"正"字，有分的，不写"整"或"正"字。大写金额中有"0"的可以只写一个"零"。小写金额用阿拉伯数字书写，字迹要清楚，不要连笔写，以免发生错误。在小写金额前应填写人民币符号"￥"，人民币符号"￥"与阿拉伯数字之间不得留有空白。金额数字一律填写到角、分，无角、分的，写"00"或符号"一"。如小写金额"￥8006.23"，大写金额应写成"捌仟零陆元贰角叁分"；如小写金额"￥207.40"，大写金额应写成"贰佰零柒元肆角整"。

5. 凭证编号要连续

各种原始凭证都应连续编号，对于已经预先印定编号的，作废时应当加盖"作废"戳记，连同存根一起保存，不得撕毁，妥善保管，以备检查。

6. 处理错误要规范

原始凭证如果出现错误，应当由出具单位重开或更正。如果原始凭证需要更正的，在更正处应当加盖出具单位印章，但如果金额有错误的，应当由出具单位重开，不得在原始凭证上更正。

7. 填制凭证要及时

原始凭证必须在经济业务发生或完成时，及时进行填写或及时取得，并按规定的程序传递和审核。

5.1.2　记账凭证填制要求

记账凭证是由会计人员根据审核无误的原始凭证或汇总原始凭证填制的，它确定了经济业务的应借、应贷会计科目和金额，它实现了把经济信息转变成会计信息。正确填制记账凭证也是会计人员必须具备的基本技能之一，记账凭证填制的正确与否直接关系到账簿记录的正确性。填制记账凭证必须遵循以下要求：

1. 填写记账凭证的依据

会计人员应对经济业务发生后取得或填制的原始凭证进行认真严格的检查、审核，经确定合法、准确、无误后，才能作为填制记账凭证的依据。

填写记账凭证时，可以根据一张原始凭证填制，或根据若干张同类原始凭证汇总编制，还可以根据原始凭证汇总表填制。注意不可以将不同内容和类别的原始凭证汇总填制在一张记账凭证上。

2. 选用适当的记账凭证

企业发生的经济业务涉及收支业务不多的，可以使用通用记账凭证；涉及收支业务较多的，可以使用专用记账凭证，即收款凭证、付款凭证、转账凭证。

在使用专用记账凭证的企业，会计人员应根据经济业务的性质，选择使用哪种记账凭证。反映货币资金收入的业务，应选用收款凭证；反映货币资金支出的业务，应选用付款凭证；不涉及货币资金的业务，应选用转账凭证。值得注意的是，对于涉及"库存现金"和"银行存款"之间的业务，只编制付款凭证，不编制收款凭证。

3. 填写记账凭证的日期

填写日期一般是会计人员编制记账凭证的当天日期，也可以根据实际情况，填写经济业务发生的日期或月末的日期。例如，报销差旅费的记账凭证填写报销当日的日期；银行付款业务的记账凭证，一般以会计部门开出银行付款单据的日期填写；属于计提和分配费用的转账业务，应以月末的日期填写。

4. 填写记账凭证编号

记账凭证应按月连续编号，便于记账、查账，防止凭证散落、丢失。记账凭证的编号方法详见第 4.3 节。如果一笔经济业务需要填制两张以上记账凭证的，可以采用分数编号法。

分数编号法

分数编号法，就是在原顺序编号的后面，以分数形式表示经济业务所填制的记账凭证的张数和该张的顺序号，如第 6 笔经济业务发生后，需要填制三张记账凭证，按顺序编号分别为：第一张为记字第 $6\frac{1}{3}$ 号，第二张为记字第 $6\frac{2}{3}$ 号，

第三张为记字第 $6\frac{3}{3}$ 号。

5. 填写记账凭证的内容

记账凭证的摘要填写时，应将内容表述准确，简明扼要。

会计科目填写时，应写全称，也可以用会计科目的戳记代替书写，但不能用会计科目的统一编号代替会计科目的名称，也不得简写会计科目。同时，会计科目填写时，借方科目和贷方科目应分行填写，体现账户之间的对应关系。

在填写记账凭证的金额时，要保证与原始凭证的金额相符，阿拉伯数字书写要规范，行次、栏次的内容要对应明确，数字要填写到"分"位，如果"角"位、"分"位没有数字，要填写"00"字样；"角""分"位与"元"位的位置应在同一水平线上，不可上下错开。记账凭证的合计行上填写合计金额，合计金额前标明人民币符号"￥"。

不同内容、不同类型的经济业务，不能合并编制一组会计分录，填制在一张记账凭证上，这样会使经济业务的具体内容不清楚，容易造成账簿记录的错误。

6. 注销记账凭证中的空行

记账凭证填写经济业务事项后，如果还有空行，应当自金额栏最后一笔数字下的空行处至合计数上的空行处画斜线或一条"S"形线注销。

7. 所附原始凭证的件数

记账凭证应注明所附原始凭证的件数，并将有关的原始凭证整理后，附在该记账凭证的后面。除了结账和更正错误的记账凭证可以不附原始凭证外，其他记账凭证必须附有原始凭证。

如果一张原始凭证涉及多张记账凭证，可以把原始凭证附在主要的记账凭证后面，其他的记账凭证摘要栏注明"原始凭证附在××号记账凭证后面"的字样；如果一张记账凭证涉及多张原始凭证，并且原始凭证的数量很多，可以单独装订，同时在所属的记账凭证上注明"附件另订"及原始凭证的名称和编号，以便查阅。

8. 记账凭证的签章

记账凭证填制完成后，首先填制人员签章，然后交审核人员进行审核，最后交记账人员登记入账。记账凭证的经手人员都应签章，以明确经济责任。

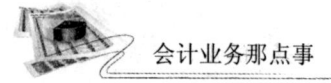

5.2 账簿使用规则

登记会计账簿是会计实务操作流程的第二步，它是企业编制会计报表的基础，是连接会计凭证与会计报表的中间环节。会计人员在进行实务操作时，应遵循账簿有关的使用规则，来保证会计核算资料的内在质量，为编制会计报表做好准备。

5.2.1 账簿的启用规则

为了保证账簿记录的合法性和会计资料的完整性，会计人员在启用账簿时，应遵循下列规则：

（1）封面——写明账簿的名称，如总分类账、各种明细账、现金日记账、银行存款日记账等；同时写清记账单位的名称，如河北钢管制造有限公司等。

（2）扉页——填写"账簿使用登记表"，包括：使用者的名称、账簿编号、账簿页数、启用日期、记账人员和会计机构负责人、会计主管人员姓名、并加盖人名章和单位公章、交接记录。现举例"现金日记账使用登记表"，如图 5-1 所示。

（3）账页——启用订本式账簿，从第一页到最后一页应顺序编定页数，不得跳页、缺号；使用活页式账页，应当按账户顺序编号，并须定期装订成册，装订后再按实际使用的账页顺序编定页码，另加目录，标明每个账户的名称和页次。

5.2.2 账簿的登记规则

账簿记录的正确与否，直接影响会计核算的顺利进行和会计资料的内在质量。因此，会计人员在登记会计账簿时必须遵循下面的规则：

1. 及时登记

会计人员应根据审核无误的会计凭证，及时完成登账工作，不得拖延、推后。工作积压容易造成账簿的漏记、错记。

现金日记账使用登记表

使用者姓名	南方实业公司			印　鉴
账簿编号				
账簿页数	本账簿共计使用 100 页			
启用日期	2012 年 01月 01日			
截止日期	2012 年 12月 31日			
责任者盖章	出纳	审核	主管	部门领导
	王林		李冰	

	交　接　记　录			监交人员	
姓 名	交 接 日 期	交接盖章		职 务	姓 名
	经营	年　月　日			
	交出	年　月　日			
	经营	年　月　日			
	交出	年　月　日			
	经营	年　月　日			
	交出	年　月　日			

印花税票

图 5-1　现金日记账使用登记表

登记账簿的间隔时间

　　登记账簿的间隔时间，一般来说越短越好。通常情况下，现金日记账、银行存款日记账一天至少要登记一次，每日终了结出余额；各种明细账的登记时间要长于日记账；总账可以根据不同的账务处理程序选择记账的间隔期，可以三五天登记一次，也可一个星期登记一次，还可 10 天、15 天或 1 个月登记一次。

　　2.　账簿内容填写要完整

　　登记账簿时，应将记账凭证的日期、种类和编号、经济业务的内容摘要、金额和相关资料逐项填写，同时还应做到数字准确、登记及时、字迹工整。

　　3.　注明记账符号

　　账簿登记完毕，应在记账凭证上签名或盖章，并在记账凭证"过账"栏内注明账簿页数或用"√"表示记账完毕，以免重记、漏记。

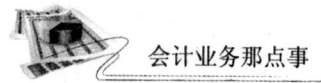

4. 文字、数字的书写

在登记账簿时，要注意文字和数字书写要贴底线，上面要留有适当空位，不要写满格，文字和数字应占格距的二分之一，最多不超过格距的三分之二。

5. 正常记账使用蓝黑墨水

为了保持账簿记录的持久性，防止涂改，登记账簿要用蓝黑墨水和碳素墨水书写，不得使用圆珠笔（银行的复写账簿除外）或者铅笔书写。红色墨水笔必须按照规定使用，例如，画线、改错、冲销记录、登记负数余额等。

6. 顺序连续登记

登记账簿时，应按照规定的页次逐页逐行登记，不得隔页、跳行。如果发生隔页、跳行现象，应将主页或空行画线注销，或者注明"此行空白"、"此页空白"的字样，并由记账人员签章。

7. 结出余额

凡需要结出余额的账户，结出余额后，应当在"借或贷"栏目内写明"借"或"贷"字样。没有余额的账户，应当在"借或贷"栏内写"平"字，并在余额栏内的"元"位上用"θ"表示。

8. 账页承接

每张账页登记结束转入下一页时，在本账页的最末一行，应结出本页的借方、贷方发生额合计数和余额，并在"摘要"栏内注明"过次页"字样；同时将结出的借方、贷方发生额合计数和余额记入下一页第一行内的"借方"、"贷方"、"余额"栏内，并在"摘要"栏内注明"承前页"的字样。

9. 按规定更正错账

登记账簿时如果发生错误，不得随意涂改、刮擦、挖补或用褪色药水消除字迹，不准重新抄写。会计人员发现错误后，应查找错误产生的原因，按照规定的手续和更正错账的方法予以更正。

5.2.3 错账的更正方法

尽管会计人员在登记账簿之前对原始凭证、记账凭证进行过审核，但由于各种原因，账簿的登记难免还会出现错误。学会错账更正也是会计人员必须具备的基本技能之一。下面介绍三种常见的错账更正方法：划线更正法、红字冲销法、补充登记法，如表 5-1 所示。

表 5-1　错账更正方法

错账更正方法	适用范围	处理程序	错账更正示范
划线更正法	每月记账时或结账前，发现账簿记录的文字或数字有误，而记账凭证没有错误的情况。	先在错误的文字或数字上划一条红色横线，表示注销；然后将正确的文字或数字用蓝字或黑字写在被注销的文字或数字的上方，并由记账人员在更正处盖章。	例如：会计人员刘华在记账时，误将应付账款金额 7500 元在账簿中登记为 5700 元。 更正： 借　　应付账款　　　贷 　　　　　　　7500　刘华 　　　　　　　5700
红字冲销法	1）记账后，发现记账凭证中的应借、应贷会计科目或金额有错误，致使账簿记录错误。 2）记账或结账以后，发现记账凭证和账簿中所记金额大于应记金额，而应借、应贷的会计科目并无错误。	1）用红字金额填一张与原错误记账凭证一样的凭证，来冲销错误分录；后用蓝字填一张正确凭证登记入账。 2）将多记金额用红字填一张与原错误记账凭证应借、应贷科目完全相同的记账凭证，予以登记入账，冲销原账簿记录。	例如：业务员张敏报销差旅费 3000 元，借记科目"管理费用"误记为"在途物资"。 原错误 借：在途物资 3000 　　　　贷：其他应收款 3000 更正 A借：在途物资 3000 　　　　贷：其他应收款 3000 B借：管理费用 3000 　　贷：其他应收款 3000 例如：生产车间计提折旧 6000 元，误记为 60000 元。 原错误 借：制造费用 60000 　　　　贷：累计折旧 60000 更正　借：制造费用 54000 　　　贷：累计折旧 54000
补充登记法	记账后，如果发现记账凭证和账簿中所记金额小于应记金额，而应借、应贷的会计科目并无错误。	按少记的金额用蓝字编制一张与原记账凭证应借、应贷科目完全相同的记账凭证，予以补充登记少记金额。	例如：企业开出转账支票，支付欠款 65000 元，误记为 56000 元，会计科目无误。 原错误 借：应付账款 56000 　　　　贷：银行存款 56000 更正　借：应付账款 9000 　　　贷：银行存款 9000

5.2.4　对账和结账

对账和结账是会计人员登记账簿完毕后所进行的工作，对账是核对各种账簿的记录，结账是定期结算各种账簿的记录。这两项实务操作都是会计人员应掌握的从业技能。

1. 对账

对账是指企业对会计账簿记录的有关数字与相应的记账凭证、库存现金、

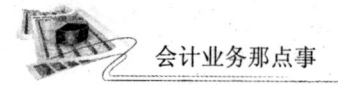

银行存款、库存实物、往来款项等进行核对，以保证账账相符、账证相符、账实相符。

在实务操作中，可能会出现填制记账凭证的差错、数量金额计算差错、记账或过账的差错、财产物资的盘盈盘亏等，这些情况必然会导致账簿记录的错记、重记、漏记，因此，必须建立健全对账制度，组织好各项核对工作。对账主要包括以下几方面的内容：

（1）账证核对。

账证核对是核对会计账簿记录与原始凭证、记账凭证的时间、凭证字号、内容、金额、借贷方向是否相符。

（2）账账核对。

账账核对是核对不同会计账簿之间的记录是否相符。账账核对主要包括以下内容：

1）核对总分类账簿的本期借方发生额合计数与本期贷方发生额合计数是否相符；核对总分类账簿的期初借方余额合计数与期初贷方余额合计数是否相符；核对总分类账簿的期末借方余额合计数与期末贷方余额合计数是否相符。这种核对工作可以定期编制通过试算平衡表进行。

2）核对总分类账簿金额与其所属明细账金额之和是否相符。

3）核对总分类账中"库存现金"、"银行存款"账户期末余额与现金日记账、银行存款日记账的期末余额是否相符。

（3）账实核对。

账实核对是核对会计账簿记录与财产物资、债权债务等实有数额是否相符。账实核对主要包括以下内容：

1）核对"现金日记账"账面余额与库存现金实际结存数是否相符。

2）核对"银行存款日记账"账面余额与银行转来的对账单上的余额是否相符。

3）核对各项财产物资明细账账面余额与财产物资实际结存数是否相符。

4）核对应收、应付款项明细账账面余额与对方单位的账面记录是否相符。

2. 结账

结账是把一定时期发生的全部经济业务登记入账后，将各类账簿记录核算完毕，结出各种账簿的本期借贷发生额和期末余额的一项会计核算工作。

结账就是结出每个账户的期末余额。结账按时间可以分为月度结账、季度

结账、年度结账。具体结账方法如下：

（1）月度结账（月结）——在最后一笔经济业务的下面，画一条通栏的红线，在红线下面的一行"摘要"栏内注明"本月合计"的字样，在"借方"、"贷方"、"余额"三栏内分别计算出本月的借方发生额合计数、贷方发生额合计数、月末余额，然后在此行下面画一条通栏的红线，表示本月结账完毕。

（2）季度结账（季结）——在每季度最后一个月的月度结账的下一行"摘要"栏内注明"本季度合计"的字样，在"借方"、"贷方"、"余额"三栏内分别计算出本季度的借方发生额合计数、贷方发生额合计数、季末余额，然后在此行下面画一条通栏的红线，表示季度结账完毕。

（3）年度结账（年结）——在本年最后一个季度的季度结账的下一行"摘要"栏内注明"本年合计"或"本年累计"的字样，在"借方"、"贷方"、"余额"三栏内分别计算出本年的借方发生额合计数、贷方发生额合计数、年末余额，然后在此行下面画两条通栏的红线，表示全年的经济业务的记账工作全部结束。

更换账簿的方法

会计账簿的更换通常在新会计年度建账时进行。总账、日记账和多数明细账应每年更换一次。有些财产物资的明细账和债权债务明细账，因种类、规格和往来单位较多，更换新账，重抄一遍工作量很大，因此，可以跨年使用，不必每年更换一次。各种备查账簿也可以连续使用。

年度终了，有余额的账户，要在本账簿最后一笔记录（即本年合计）的下一行"摘要"栏注明"结转下年"的字样；在新会计年度建账时，还要在新账簿的第一行"摘要"栏内注明"上年结转"的字样，作为新会计年度开始的期初余额。

5.3　会计报表的编制要求

编制财务会计报表是会计实务操作流程的最后一步，它是满足有关方面需要的途径，也是实现会计目标的手段。会计人员在编制财务会计报表时，应做

到真实可靠、相关可比、内容完整、报送及时、便于理解，符合国家统一会计制度的规定。

（1）真实可靠。财务会计报表应当根据审核无误的账簿记录和其他相关资料编制，不得弄虚作假，保证会计信息质量的真实性、可靠性。

（2）相关可比。财务会计报表所提供的会计信息应当满足信息使用者的需要，同时还应保证财务会计报告的数据口径一致、相互可比。

（3）内容完整。财务会计报表应当按规定的要求编制完整，每种报表包括的项目及补充资料都应填制齐全，全面披露单位的财务状况、经营成果、现金流量的情况。

（4）报送及时。财务会计报表应当按规定的时间报送，不得延后，以保证会计信息的时效性。

（5）便于理解。编制财务会计报表应当清晰明了，便于财务报表使用者理解和使用，以保证会计信息的可理解性。

第6章
会计也要懂纳税

　　纳税是每个企业都不可能回避的话题，税收的无偿性、强制性和固定性的形式特征，决定了企业在纳税过程中的不对等性，那么作为企业，只能是认真学习税法的相关规定，使自己在纳税过程中不会出错。

　　一个好的会计不在乎学历到底有多高，考取了多少证书，而是看每月是否能按时结账出报表，能正常报出税去，还能在税收筹划方面有自己的建议。

6.1　常见国税详解

　　国税，也就是国家税务局所要负责征收的税种，主要包括增值税、企业所得税、消费税、关税等。下面主要介绍增值税、企业所得税和消费税。

6.1.1　增值税

　　所谓增值税，简单地说就是对于增值的部分纳税，具体来说，是指纳税人在从事各种生产、经营或者劳务活动中所创造出来的新增加的价值，以此作为计税依据进行征收的一种税种。也就是纳税人在一定时期内，销售货物或者提供劳务所取得的收入大于购进货物或进行劳务服务时所支付的金额的差额。差额部分称为"增值额"，就增值额缴纳税款就称为增值税。

1. 增值税的证税范围

　　增值税的征税范围主要包括销售货物、加工物品的劳务以及进口货物，具体来说：

- 销售货物。这里的货物不包括土地、房屋和建筑物等不动产，这些虽然属于货物销售的范围，但是其具有特殊性，不征收增值税，而征收营业税和土地增值税税。除了不动产以外的任何有形资产，均属于销

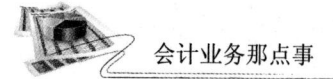

售货物，都需要征收增值税。

- 提供加工、修理等劳务。是指单位或个人有偿的提供加工、修理、修配劳务。这里的加工，就是由委托方提供原料，受托方负责制造货物并且收取加工费的业务；修理修配，就是受托方负责将委托方损坏的货物进行修理、修复，恢复其使用功能的业务。这些行为，都应当征收增值税。
- 进口货物。对于进口货物，除了要征收关税之外，还应当在进口环节征收增值税。
- 视同销售货物的特殊行为。如果单位或个人将货物交给他人代销或者代为销售别人的货物，将自产、委托加工的货物作为投资或分配给股东或作为福利给员工等，这些均视同销售处理，所以都属于增值税的征收范围。
- 混合销售行为。混合销售即是既销售货物，又涉及非应税劳务。这样的行为就是混合销售行为，在实际工作中也是比较常见的，例如提供交通运输、金融、保险、邮电、娱乐等劳务。
- 兼营应税劳务和非应税劳务。又称为兼营行为，也就是纳税人既有销售货物，又有提供非应税劳务两种经营范围，并且这种经营业务并不是发生在同一项业务中。例如酒店行业提供住宿和餐饮服务的同时，又在酒店里开设商品销售部，这里住宿和餐饮属于营业税征收范围，销售商品属于增值税征收范围，这种经营方式就属于兼营行为。
- 属于增值税征税范围的其他项目。包括期货、金银、销售典当业死当物品、集邮商品、缝纫业务、税法规定的其他项目等。

提示：《增值税暂行条例》中还规定了不征收增值税的项目，包括供应未经加工的天然水、融资租赁业务、体育彩票的发行收入等。

2. 增值税税率

增值税的基本税率为 17%，一般纳税人销售货物及提供加工、修理修配劳务的行业都适用这个税率。但是也有实行增值税低税率，也就是适用 13% 的税率，包括粮食、食用油、鲜奶、暖气、热水、煤气、天然气、图书报纸杂志、饲料化肥等。

此外，还有增值税零税率，一般出口货物税率为零。

一般纳税人生产、销售的一些特殊货物，例如建筑行业用的砂、土、石料

等，因为其进项税额不易计量和确认，可以按照简易的办法计算缴纳增值税，即按不含增值税的销售额乘以税率 6% 来计算缴纳增值税。

小规模纳税人增值税征收率根据《增值税暂行条例》规定，除了商业企业小规模纳税人的增值税征收率为 4% 以外，其他小规模纳税人销售货物或者提供应税劳务的增值税征收率均为 6%。

提示：国家会根据现行的经济政策对一些行业或者货物的税率进行调整，在实际工作中，应以最新的税法规定为准。

3. 增值税应纳税额的计算

计算增值税应纳税额的关键是在于计算当期增值税的销售额、销项税额和进项税额。

- 增值税销售额的计算。首先要计算销售额，纳税人销售货物或者提供应税劳务，按以下公式进行计算销售额：

销售额 = 含税销售额 ÷（1+税率）

例如：

恒兴钢材销售公司为增值税一般纳税人，2011 年 5 月销售钢材一批，开出增值税专用发票中注明销售额为 8000 元，税额为 1360 元，另外开出一张普通发票，收取包装费 200 元，计算该公司 5 月的增值税销售额。

解析：该公司收取的包装费 200 元含有增值税，在计算增值税销售额时应该换算成不含增值税的销售额。该公司 5 月增值税销售额为：不含税销售额+含税销售额 ÷（1+税率）=8000+200 ÷（1+17%）=8170（元）

- 增值税销项税额的计算。销项税额指的是纳税人销售货物或者应税劳务，按照销售额和规定的税率计算并向购买方收取的增值税额。其计算公式为：

销项税额 = 销售额 × 税率

例如：

迅利装潢材料销售公司是增值税一般纳税人，2011 年 5 月发生以下业务：购入装饰用的原材料一批，支付价款合计 300 万元，增值税专用发票已收到；销售一批装饰材料，收到含增值税收入 400 万元；计算该公司 5 月份增值税销项税额。

解析：该公司属于从事销售货物，其 5 月份增值税销项税额=销售额 × 税率=400 ÷（1+17%）× 17%=58.12（万元）

- 增值税进项税额的计算。进项税额就是指企业在购入货物或者是接受劳务时需要支出的增值税额。在一个月之内，企业收到的销项税额和其支付的进项税额进项抵扣，其余额就是纳税人当期实际需要缴纳的增值税额。进项税额的计算公式为：

$$进项税额=买价×扣除率$$

例如：

天天百货商场是增值税一般纳税人，从外购进一批货物，进货价20万元，计算其进项税额。

解析：该企业进项税额=买价×扣除率=20×17%=3.4（万元）

- 增值税应纳税额的计算。增值税应纳税额一般采用税款抵扣的方法，间接计算增值税应纳税额。其计算公式为：

$$应纳税额=当期销项税额-当期进项税额$$

如果当期销项税额小于当期进项税额不足以抵扣时，不足抵扣的部分可以结转到下期继续抵扣。

例如：

乐天货物销售公司为增值税一般纳税人。2011年9月从外购入货物，支付增值税进项税额10万元，并且受到对方开具的增值税专用发票；当月销售货物收到不含税销售额100万元。销售货物使用税率为17%。计算当月增值税应纳税额。

解析：该公司9月份增值税应纳税额=当期销项税额-当期进项税额=100×17%-10=7（万元）

6.1.2 企业所得税

企业所得税又称为公司所得税，在我国的现行税制中，企业所得税一般是指内资企业所得税，主要是对我国境内的企业在一定时期内合法的生产、经营所得而进项征收的一种税。

1. 企业所得税的征税范围

企业所得税的征税范围纳税人所取得的生产、经营所得和其他所得。来源包括境内和境外所得。具体来说，生产、经营所得主要是从事物品生产、商品流通、交通运输、劳务等，另外还包括卫生、物资等企业，以及一些社会团体组织、事业单位等取得的合法经营所得；纳税人的其他所得，指的是股票收入、

利息、租金以及营业外的收益。另外，企业清算的所得也属于企业所得税的征税对象。

2. 企业所得税的税率

企业所得税税率采用的是比例税率，是对纳税人应纳税部分进行征税的比率。按照税法规定，我国企业所得税实行33%的比例税率。另外，税法规定了两档照顾性税率，是为了照顾到利润比较低的小型企业，一档是对于年度应纳税所得额在3万元以下的企业，暂按18%的税率征收所得税；年度应纳税所得额在10万元以下至3万元的企业，暂按27%的税率征收所得税。

提示： 如果企业上一年度发生亏损，可用在当年应纳税所得额予以弥补，再按弥补亏损后的应纳税所得额来确定使用税率。

3. 企业所得税的应纳税所得额的计算

企业所得税的计税依据为应纳税所得额。应纳税所得额指的是纳税人在每个纳税年度的收入总额减去准予扣除项目金额后的金额。其计算公式为：

应纳税所得额＝每一纳税年度的收入总额－准予扣除项目金额

纳税人在计算应纳税所得额时，采用的是权责发生制。按照税法规定计算的应纳税所得额与依据财务会计制度计算的会计利润往往不一致，财务、会计处理办法同国家有关税收规定不一致，最终应当按照国家有关规定来计算纳税。

- 收入总额的确定。纳税人的收入总额就是生产经营活动的收入以及其他行为中取得的收入的总和。一般有商品的销售收入、进行劳务服务取得的收入、工程收入、利息收入、转让固定资产、转让股权、租赁收入、事业单位取得的收入等。

- 准予扣除项目。计算应纳税所得额时，有准予扣除的项目，指的是生产经营时产生的成本、费用、税金和其他损失等。具体来说，成本就是生产经营的成本；费用包括销售费用、管理费用和财务费用。税金包括消费税、营业税、城建税、印花税、土地增值税、关税等。如果已经在管理费用中扣除的，就不再作为税金单独扣除；损失就是纳税人在生产经营过程中的各项营业外支出，已经发生的经营亏损和投资损失等。

- 不得扣除的项目。在计算应纳税所得额时，有些项目不得扣除。主要包括购置固定资产、对外投资、专利权等无形资产的转让、违法经营罚款和被没收财产的损失、各项税收的滞纳金罚金等、自然灾害的损

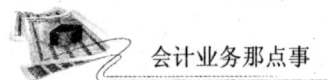

失、各种赞助支出、销售货物给对方的回扣支出等。

4. 企业所得税应纳税额的计算

企业所得税应纳税额的计算公式为：

$$应纳税额=应纳税所得额×税率$$

例如：

宏发房地产开发公司在 2011 年度的所得为 100 万元，其中包括购买企业债券利息收入 5 万元，购买国债收入 15 万元；该企业适用税率为 33%。要求计算该企业的应纳税额。

解析：首先计算应纳税所得额=100-15=85（万元），因为企业购买本企业的债券利息收入为投资性的支出，故不予扣除，只扣除购买国债利息收入。

应纳税额=85×33%=28.05（万元）

6.1.3 消费税

消费税就是我们所说的奢侈品税，具体来说就是对于生产、委托加工和进口应税消费的单位和个人，就其生产出消费品的销售额而缴纳的一种税。

1. 消费税的征税范围

现在实行的消费税的征税范围主要包括：烟、酒及酒精、化妆品、鞭炮、成品油、贵重首饰及珠宝、高档手表、高尔夫球及球具、游艇、木制一次性筷子、汽车轮胎、摩托车、小汽车等。

2. 消费税的税目和税率

列入征收消费税范围的税目有烟、酒及酒精、鞭炮和烟火、化妆品等 14 种，如表 6-1 所示。

表 6-1　消费税税目、税率表

税目	征收范围	计税单位	税率（税额）
一、烟			
1、卷烟			
定额税率		每标准箱（50 000 支）	150 元
比例税率		每标准箱（200 支）对外挑拨价格在 50 元以上的（含 50 元，不含增值税）	45%
		每标准条对外调拨价格在 50 元（不含增值税）以下的	30%
2、雪茄烟			25%

续表

税目	征收范围	计税单位	税率（税额）
3、烟丝			30%
二、酒及酒精			
1、粮食白酒			
定额税率		每斤（500克）	0.5元
比例税率			20%
2、薯类白酒			
定额税率		每斤（500克）	0.5元
比例税率			20%
3、黄酒		吨	240元
4、啤酒		每吨出厂价格（含包装物及包装物押金）在3 000元（含3 000元，不含增值税）以上的	250元
		每吨在3 000元（不含增值税）以下的	220元
		娱乐业和饮食业自制的每吨	250元
5、其他酒			10%
6、酒精			5%
三、化妆品	含成套化妆品		30%
四、贵重首饰及珠宝玉石	包括各种金、银、珠宝首饰及珠宝玉石		5%或10%
五、鞭炮、焰火			15%
六、高尔夫球及球具			10%
七、高档手表			20%
八、游艇			10%
九、木制一次性筷子			5%
十、实木地板			5%
十一、成品油			
1、汽油（无铅）		升	0.2元
2、汽油（含铅）		升	0.28元
3、柴油		升	0.1元
4、石脑油		升	0.2元
5、溶剂油		升	0.2元
6、润滑油		升	0.2元
7、燃料油		升	0.1元
8、航空煤油		升	0.1元
十二、汽车轮胎			3%

续表

税目	征收范围	计税单位	税率（税额）
十三、摩托车			
1、气缸容量在 250 毫升（含）以下的			3%
2、气缸容量在 250 毫升（含）以上的			10%
十四、小汽车			
1、乘用车			
（1）气缸容量（排气量，下同）在1.5升（含）以下的			3%
（2）气缸容量在 1.5 升至 2.0 升（含）的			5%
（3）气缸容量在 2.0 升以上至 2.5 升（含）的			9%
（4）气缸容量在 2.5 升以上至 3.0 升（含）的			12%
（5）气缸容量在 3.0 升以上至 4.0 升（含）的			15%
（6）气缸容量在 4.0 以上的			20%
2、中轻型商用客车			5%

3. 消费税的应纳税额的计算

计算消费税应纳税额根据三种不同的征收方式而有不同的计算方法，具体如下：

（1）实行从价定率征收的计算方法：

应纳税额=应税消费品销售额或组成计税价格×消费税税率

需要注意的是，如果应税消费品种含有未扣除的增值税款时，在计算消费税时，应当换算为不含增值税税款的销售额，其换算公式为：

应税消费品销售额=含增值税的销售额÷（1+增值税税率或者征收率）

例如：

海林汽车销售企业为一般纳税人，2011 年 5 月，该企业销售轮胎一批，取得含增值税销售额 170 万元，轮胎的适用消费税税率为 3%。计算该企业 5 月的应纳消费税税额。

解析：该企业取得的销售额含增值税，所以计算消费税额时应换算为不含

增值税额的销售额，然后再进行计算。其 5 月应纳消费税税额=含增值税的销售额÷（1+增值税税率）×消费税税率=170÷（1+17%）×3%=4.36（万元）

（2）实行从量定额征收的计算方法：

$$应纳税额=应税消费品销售数量×消费税单位税额$$

例如：

利达酒厂为一般纳税人，2011 年 8 月销售黄酒 500 吨，已知黄酒的消费税单位税额为每吨 240 元。计算该酒厂 8 月应纳消费税税额。

解析：该酒厂 8 月应纳消费税税额=500×240=120 000（元）

（3）实行复合计税的计算方法：

应纳税额=应税消费品销售数量×消费税+应税消费品销售额或组成计税价格×消费税税率

例如：

利达酒厂企业销售粮食白酒和自制的啤酒，2011 年 9 月销售粮食白酒，含增值税销售额为 117 万元，销售自制的啤酒 400 吨，已知粮食白酒按照定率征收消费税，税率为 20%，而啤酒按照单位税额，每吨 250 元。计算该企业 9 月应纳消费税税额。

解析：该企业 9 月应纳消费税税额=400×250+117÷（1+17%）×20%=30（万元）

6.2　常见地税详解

地税，也就是地方税务局负责征收的税种，主要包括营业税、土地增值税、契税、印花税、城镇土地使用税、城市建设维护税、车辆购置税等。这里主要介绍营业税、土地增值税和契税，如图 6-1 所示。

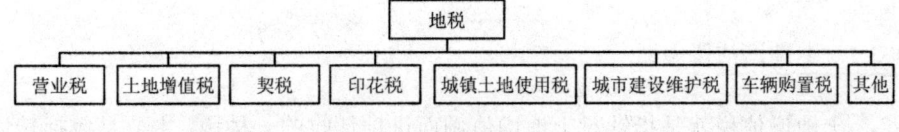

图 6-1　地税应交的税种

6.2.1 营业税

营业税，简单地说就是对于从事各个行业的企业就其营业收入额而征收的一种税。它是以营业收入额作为计税依据，税源也比较广泛。营业税根据不同的行业，有不同的税目和税率。

（1）营业税的征税范围。

营业税的征收范围包括提供应税劳务、转让无形资产和销售不动产。具体归纳为：交通运输业、建筑业、金融保险业、邮电通信业、文化体育业、娱乐业、服务业、转让无形资产、销售不动产等。

（2）营业税税率。

根据国家的规定，并参照不同行业的盈利水平，营业税税率按照行业差别也有相对应的税率，具体分为三个档次：

- 交通运输业、邮电通信业、建筑业、文化体育事业等适用 3%的税率。
- 服务业、销售不动产、转让无形资产、金融保险业等适用 5%的税率。
- 娱乐业适用 20%的税率。

（3）营业税应纳税额的计算。

纳税人是按照营业额和规定的税率计算应纳税额的，计算公式为：

$$营业税应纳税额=营业税×税率$$

例如：

天天旅行社，2011 年 3 月接待旅行团，共有 30 人组成的，旅行社收取每人 5000 元，旅游期间，旅行社为每人支付交通费 1000 元，住宿费 800 元，餐费 500 元，门票等费用 600 元。已知旅游业的适用营业税税率为 5%。计算该旅行社 3 月的应纳营业税税额。

解析：该旅行社的营业额应该是收取团费后，减去为旅游者支付的所有费用，所以该旅行社 3 月应纳营业税税额=（5000-1000-800-500-600）×30×5%=3150（元）。

6.2.2 土地增值税

土地增值税就是指针对土地增值额而进项征收的一种税，主要是包括转让国有土地使用权、地上的建筑物等的单位和个人。

1. 土地增值税的征税范围

按照《土地增值税暂行条例》有关规定，其征税范围包括：转让国有土地使用权、地上的建筑物及其附着物等。需要注意的是对于继承、赠与方式无偿转让房地产的行为因为未转让其产权所以不属于土地增值税的征税范围。

2. 土地增值税的计税依据

土地增值税的计税依据是根据纳税人转让房地产所取得的增值额。增值额的计算公式为：

增值额=转让房地产取得的收入-扣除项目

扣除项目主要包括：取得土地使用权时支付的金额、开发土地的成本和费用、新建房及配套设施的成本和费用、与转让有关的税金等。

3. 土地增值税的税率

土地增值税的税率	需满足条件
30%	增值额未超过扣除项目金额 50%的部分
40%	增值额超过扣除项目金额 50%、未超过 100%的部分
50%	增值额超过扣除项目金额 100%、未超过 200%的部分
60%	增值额超过扣除项目金额 200%的部分

4. 土地增值税应纳税额的计算

计算土地增值税应纳税额，具体的计算公式分别是：

● 增值额未超过扣除项目金额 50%的：

土地增值税税额=增值额×30%

● 增值额超过扣除项目金额 50%、未超过 100%的：

土地增值税税额=增值额×40%-扣除项目金额×5%

● 增值额超过扣除项目金额 100%、未超过 200%的：

土地增值税税额=增值额×50%-扣除项目金额×15%

● 增值额超过扣除项目金额 200%的：

土地增值税税额=增值额×60%-扣除项目金额×35%

以上公式中的 5%、15%和 35%，均为速算扣除系数。

例如：

兴业公司转让一处旧房产，取得收入 1500 万元，该公司当时支付土地使用权的金额为 200 万元，当地的税务机关确认的房屋评估价格为 700 万元，另外，该公司支付房地产评级机构评估费 15 万元，缴纳相关税金 10 万元。计算该公司转让该房产应缴纳的土地增值税税额。

解析：先计算扣除项目的金额合计=200+700+15+10=925（万元）

计算增值额=1500－925=575（万元）

计算增值额占扣除项目金额的百分比=575÷925=62.2%，说明增值额超过了扣除项目金额的 50%，但没有超过 100%。

最后分别计算各级次土地增值税的税额。

增值额未超过扣除项目金额 50%的部分，适用 30%的税率。

这部分的增值额=462.5×30%=138.75（万元）

增值额超过扣除项目金额 50%，未超过 100%的部分，适用的是 40%的税率。

这部分的增值额=（575-462.5）×40%=45（万元）

然后计算公司应纳土地增值税总额=138.75+45=183.75（万元）

6.2.3 契税

契税指的是国家在土地、房屋权转移时，按照当事人双方签订的合同，以及所确定的价格的一定比例，向权属承受人征收的一种税。

1. 契税的征税范围

契税的征税范围主要包括：出让国有土地使用权、转让土地使用权、买卖房屋、房屋赠与、房屋交换等。

2. 契税的计税依据

如图 6-2 所示。

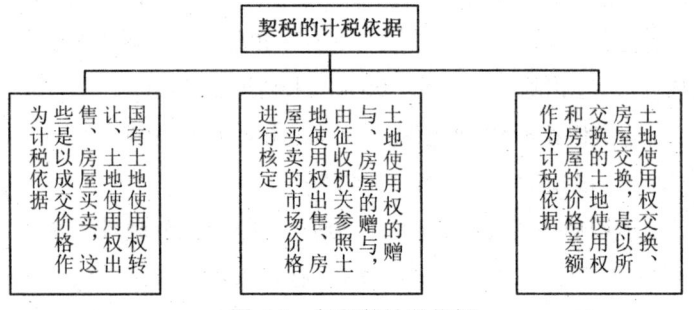

图 6-2 契税的计税依据

3. 契税的税率

契税一般采用比例税率，并且实行 3%～5%的幅度税率。

4. 契税的应纳税额的计算

契税应纳税额依照各地确定的适用税率和税法规定的计税依据计算征收。其计算公式为：

$$应纳税额=计税依据×税率$$

例如：

2011 年，李某获得单位奖励的房屋一套。李某又将该房屋与王某交换，房地产评估机构对奖励给李某的房屋进行评估为 40 万元，王某的房屋价值为 45 万元，协商后李某向王某支付房屋交换差价 5 万元。税务机关核定奖励李某的房屋价值为 35 万元。已知当地的契税税率为 4%。计算李某应缴纳的契税。

解析：根据税法规定，获奖的房屋所有权也要征收契税，其计税依据为税务机关核定的价格，也就是 35 万元。房屋交换的，其计税依据为所交换房屋价格的差额。因此：

李某获奖应缴纳的契税税额=350 000×4%=14 000 元

李某房屋交换行为应缴纳的契税税额=50 000×4%=2 000 元

李某当年实际应缴纳的契税总额=14 000+2 000=16 000 元

6.3 了解纳税申报

6.3.1 纳税申报前的准备

当一个月结束，到月末的时候，就要进行结账工作，然后就可以准备进行报税的事项了。在进行报税之前，最重要的就是计算当月每一项应纳税的金额。具体如下：

1. 计算增值税税额

企业首先是根据当月销售情况，确定当月的销项税额；然后是根据对本月进项发票的核对，确定当月的进项税额；最后用当月的销项税额减去进项税额，就是本月要缴纳的增值税。

2. 计算营业税城市建设维护费和教育费附加税金

月末，企业根据当月的销售额，计算出当月应交的营业税，城市建设维护税和教育费费用附加这三项税费。企业应当在月末结账的时候进行计提，然后在下月初的时候进行申报缴纳税款。

3. 计算其他的税种应纳税额

由于行业不同，相应的税种也不同，例如有印花税的企业要进行印花税的申报，如果是房地产企业，要计算土地增值税税额、房产税额等。

4. 计算企业所得税税额

企业所得税一般是按季度进行预缴，然后在年终进行汇算清缴，对已预缴的税金进行多退少补。如果企业在季度末的话，出了计算月度应缴纳的税金之外，还得计算企业所得税。根据企业的季度收入总额减去成、费用总额，然后乘以核定的税率，就计算出当季应预缴的所得税额。具体所得税的计算方法应当参照当地的税务机关的要求。

5. 特殊的税种处理

有些税种如车辆购置税、车船税、契税等一般不常接触，如果企业有发生这些特殊的税种，就按照税务机关的要求，按时进行申报和缴纳就可以了。

6.3.2 纳税申报的对象和期限

纳税申报的对象，也就是纳税人、扣缴义务人和保证人。具体包括：

（1）已经依法向税务机关办理了税务登记的纳税人。包括：

1）按收入进行纳税的纳税人；

2）享受减税、免税的纳税人；

3）营业收入未达起征点或者没有亏损状态的纳税人；

4）税务机关规定的定期定额纳税的纳税人。

（2）按规定不需办理税务登记，以及应当办理而尚未办理税务登记的纳税人。

（3）扣缴义务人和国家税务机关确定的委托代征人。代征人也就是保证人。保证人也属于纳税申报的对象。

关于纳税申报的期限有如下的规定：

增值税的纳税期限分别是 1 日、3 日、5 日、10 日、15 日或者一个月。纳税人的具体期限，由主管税务机关根据纳税人应纳税额的大小分别核定；不能按照固定期限纳税的，可以按次纳税。

企业所得税的纳税年度为公历的 1 月 1 日至 12 月 31 日止，纳税人在一个纳税年度中间开业，或者由于合并、关闭等原因，使该纳税年度的实际经营不

足 12 个月的，应以实际经营期为一个纳税年度。如果纳税人发生清算时，应当以清算期间为一个纳税年度。纳税人在纳税年度无论盈利还是亏损，都应当在月份或者季度终了后 15 日内预缴，年度终了后 4 个月内汇算清缴，多退少补。

消费税的纳税期限和增值税一样，具体来说，纳税人以一个月为一期的，自期满之日起 10 日内申报纳税；以 1 日、3 日、5 日、10 日或 15 日为一期的，自期满之日起 5 日内预缴税款，于次月 1 日起至 10 日内申报纳税并结清上月应缴纳税款。

营业税的纳税期限，分别是 5 日、10 日、15 日或者一个月。纳税人的具体纳税期限，由主管税务机关根据应纳税额的大小而进行核定；不能按照固定期限纳税的，可以按照次数纳税。纳税人以 1 个月为期的，自期满之日起 10 日内进行纳税申报；以 5 日、10 日或者 15 日为期的，自期满之日起 5 日内预缴税款，次月 1 日起至 10 日内进行纳税申报并结清上月应缴纳税款。

土地增值税的纳税期限是按照转让房地产所取得的实际收入计算征收，由于计税时涉及房地产开发的成本和费用，有的还需要做评估，因此，其纳税期限不同于其他税种的规定，而是根据房地产的不同情况，由所在的主管税务局进行确定。

契税的纳税期限是自纳税人自其纳税义务发生之日起 10 日内，到土地、房屋所在地的税收机关办理纳税申报，并且在税收机关核定的期限内缴纳税款。

6.3.3　纳税申报的内容

纳税人、扣缴义务人的纳税申报或者代扣代缴、代收代缴税款报告表的主要内容包括：税种、税目，应纳税项目或者应代扣代缴、代收代缴税款项目，计税依据，扣除项目及标准，适用税率或者单位税额，应退税项目及税额，应减免税项目及税额，应纳税额或者应代扣代缴、代收代缴税额，税款所属期限、延期缴纳税款、欠税、滞纳金等。

纳税人在办理纳税申报时，应当如实填写纳税申报表，并且要根据不同的情况报送资料，如图 6-3 所示。

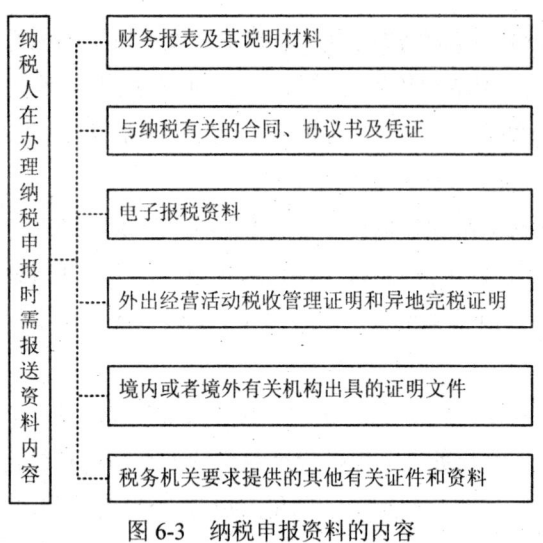

图 6-3　纳税申报资料的内容

6.3.4　纳税申报的方法

纳税申报的方法也就是纳税人按照规定到指定的税务机关进行申报纳税的形式。主要有以下几种：

1. 自行申报

也称为直接申报。就是纳税人、扣缴义务人按照规定的期限自行到主管税务机关（一般是报税大厅）进行办理纳税申报手续。这是目前大部分企业申报的方式。

2. 邮寄申报

由于直接报送有困难的单位和个人，也可采用邮寄申报，但须经过税务机关批准方可。纳税人可以使用统一规定的纳税申报特快专递专用信封，通过邮政部门办理寄送手续，并且以邮政部门收据作为申报凭据。

3. 数据电文

数据电文在目前来说比较普遍了，指的是以税务机关确定的电话语音、电子数据交换和网络传输等电子方式进行纳税申报。但是因为数据的可靠性不够稳定，税务机关要求报送电子数据的同时，也要求报送相应的纸质资料。

4. 其他方式

另外，《税收征管法》规定了对于实行定期定额缴纳税款的纳税人可以采用简易申报、简并征期等申报纳税方式。

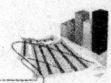

所谓简易申报，就是由实行定期定额征收方式的个体工商户在税务机关规定的期限内缴清税款，纳税期就可以不办理申报手续。在定额执行期结束后，再将每个月实际发生的收入额、所得额一并向税务机关申报。

所谓简并征期，就是将实行定期定额征收方式的个体工商户几个纳税期的税额集中在一个纳税期限内缴纳。适用于实行定期定额征收的个体工商户经营地点偏远、缴纳的税额较少的情况。

6.4 一般纳税人申报表详解

一般纳税人申报表主要介绍增值税、消费税、营业税的具体填列。

6.4.1 增值税纳税申报表

某企业为增值税一般纳税人，2011 年 7 月从外购入货物支付增值税进项税额 10 万元，并且收到对方开具的增值税专用发票；销售货物取得不含税销售额 80 万元，增值税率为 17%。

首先计算出该企业 2010 年 7 月的应纳增值税额=80×17%-10=3.6 万元。该企业 2011 年 7 月增值税纳税申报表的填列具体如表 6-2 所示。

表 6-2 增值税纳税申报表

根据《中华人民共和国增值税暂行条例》第二十二条及第二十三条规定，制定本表。纳税人不论有无销售额，均应按主管税务机关核定的纳税期限填报本表，并于次月 1 日至 10 日内，向当地税务机关申报。

税款所属时间：自 2011 年 7 月 1 日至 2011 年 7 月 31 日

填表日期：2011 年 8 月 2 日 金额单位：元（列至角分）

纳税人识别号	110*********			所属行业：货物销售		
纳税人名称（公章）		法定代表人姓名	张××	注册地址	××	
开户银行及账号	103****88	企业登记注册类型	有限公司	电话号码	85******	
项目	栏次	一般货物及劳务		即征即退货物及劳务		
		本月数	本年累计	本月数	本年累计	
（一）按适用税率征税货物及劳务销售额	1					

其中：应税货物销售额	2	800 000			
应税劳务销售额	3	0			
纳税检查调整的销售额	4	0			
（二）按简易征收办法征税货物销售额	5	0			
其中：纳税检查调整的销售额	6	0			
（三）免、抵、退办法出口货物销售额	7	0			
（四）免税货物及劳务销售额	8	0			
其中：免税货物销售额	9				
免税劳务销售额	10				
销项税额	11	136 000			
进项税额	12	100 000			
上期留抵税额	13	0			
进项税额转出	14	0			
免抵退货物应退税额	15	0			
按适用税率计算的纳税检查应补缴税额	16	0			
应抵扣税额合计	17=12+13-14+15+16	100 000			
实际抵扣税额	18（如17<11，则为17，否则为11）	100 000			
应纳税额	19=11-18	36 000			
期末留抵税额	20=17-18	0			
简易征收办法计算的应纳税额	21	0			
按简易征收办法的纳税检查应补缴税额	22	0			
应纳税额减征额	23	0			
应纳税额合计	24=19+21-23	36 000			
期初未缴税额（多缴为负数）	25	0			

实收出口开具专用缴款书退税额	26	0		
本期已缴税额	27=28+29+30+31	0		
①分次预缴税额	28	0		
②出口开具专用缴款书预缴税额	29	0		
③本期缴纳上期应纳税额	30	0		
④本期缴纳欠缴税额	31	0		
期末未缴税额（多缴为负数）	32=24+25+26-27	36 000		
其中：欠缴税额（≥0）	33=25+26-27	0		
本期应补（退）税额	34=24-28-29	36 000		
即征即退实际退税额	35	0		
期初未缴查补退税额	36	0		
本期入库查补税额	37	0		
期末未缴查补税额	38=16+22+36-37	0		
授权声明	如果你已委托代理人申报，请填写下列资料：为代理一切税务事宜，现授权（地址）为本纳税人的代理申报人，任何与本申报表有关的往来文件，都可寄予此人 授权人签字：	申报人声明	此纳税申报表是根据《中华人民共和国增值税暂行条例》的规定填报的，我相信它是真实的、可靠的、完整的。 声明人签字：	

以下由税务机关填写：

收到日期：　　　　　　　接收人：　　　　　　　　主管税务机关盖章：

　　提示：在实际工作中，企业涉及的项目比较多，应仔细填写。另外累计数也要根据当年度的每月发生额，逐月累计，不可省略不填。以上只是举例说明大致的填写格式。会计人员在实际报税时，一定要按照税务机关的要求认真填写。

6.4.2　消费税纳税申报表

　　利达粮食白酒销售公司 2011 年 8 月销售收入合计 120 000 元，其消费税税率按比例税率 20%计算。该企业 2010 年 8 月的消费税的纳税申报表如表 6-3 所示。

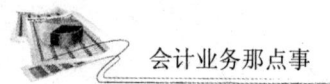

表 6-3　消费税纳税申报表

填表日期：2011 年　9　月　1 日

纳税人识别号：　110***********　　　　　　　　　　　　　　　金额单位：元（列至角分）

纳税人名称	利达粮食白酒销售公司								税款所属时期	年　　　月	
产品名称	适用税目	销售数量	销售额	视同销售数量	视同销售金额	计税金额或计税数量	税率(%)税额	本期准予扣除税额	本期应缴税金	本期已缴税金	本期应补(退)税金
1	2	3	4	5	6	7=4+6 或 3+5	8	9	10=7×8-9	11	12=10-11
粮食白酒	酒及酒精类	-	120 000		-	120 000	20%	0	2 400	0	0
合计		-	120 000	-	-	120 000	20%	0	2 400	0	0

如纳税人填报，由纳税人填写以下各栏			如委托代理人填报，由代理人填写以下各栏		备注
会计主管（签章）王××	经办人（签章）李×	纳税人（签章）企业公章	代理人名称		代理人签章
			代理人地址		
			经办人	电话	

以下由税务机关填写				
收到申报表日期			接收人	

6.4.3　营业税纳税申报表

　　以四海商贸公司为例，该公司主营业务是销售小家电，假定销售小家电的营业税税率为 5%，2010 年 4 月的销售额为 100 000 元。该公司 2011 年 5 月初进行申报营业税，其营业税纳税申报表的具体填列如表 6-4 所示。

表 6-4　营业税纳税申报表

填表日期：2011 年 5 月 3 日

纳税人识别号：　110**********　　　　　　　　　　　金额单位：元（列至角分）

纳税人名称		四海商贸有限公司				税款所属时期		2011 年 4 月		
税目	经营项目	营业额				税率	本期			
		全部收入	减除项目	减免税项目	应税营业额		应纳税额	减免税额	已纳税额	应补退税额
1	2	3	4	5	6=3-4-5	7	8=6×7	9=5×7	10	11
营业税	销售小家电	100 000	0	0	100 000	5%	5 000	0	0	0
合计		100 000	0	0	100 000	5%	5 000	0	0	0
如纳税人填报，由纳税人填写以下各栏		如委托代理人填报，由代理人填写以下各栏								备注
会计主管（签章）王××	经办人（签章）李×	纳税人（签章）企业公章	代理人名称						代理人（签章）	
			代理人地址							
			经办人		电话					

以下由税务机关填写

| 收到申报表日期 | | 接收人 | |

6.4.4　网上申报的具体操作

地税申报较为简单，不需要单独下载申报软件，一般可直接登录当地地税网站，通过"纳税申报"模块可以直接报税。

企业要做的只是去地税管理部门领取一个企业编号和密码，然后根据企业应交税种，由税务机关添加日常申报税种模块。企业登录网站输入企业编码和密码就可自行在网上申报。每月申报的主要工作：

（1）每月申报期（月初），登录地税网站，根据企业应交税种进行申报。

（2）提交成功后申请扣款。

（3）显示扣款成功后生成税票。

（4）企业去银行打印税票。

因为地税属于地方部门，各省市征收方式略有不同，所采用的申报软件也存在较大差异。具体申报工作还应根据当地申报要求进行纳税申报。一般的网上申报流程如图 6-4 所示。

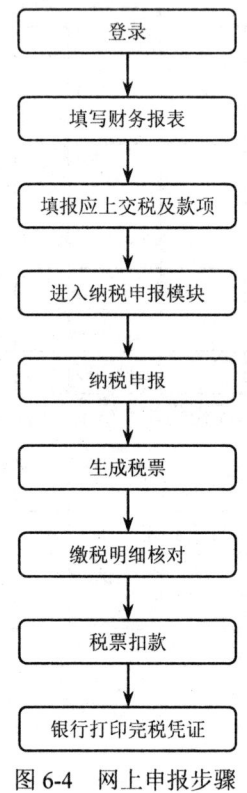

图 6-4　网上申报步骤

1. 登录页面

进入当地地税局网站，打开纳税申报模块后就会显示登录窗口，输入企业编号和密码后，直接登录。地税申报系统主要分为财务报表申报和纳税申报。

2. 填报资产负债表、利润表

打开资产负债表模块、利润表模块、输入相关数据，单击表下的"提交"按钮，系统显示"成功保存数据"。

3. 填报应上交各税及其他款项明细表

打开应上交各税及其他款项明细表，输入相关数据，单击表下的"提交"

按钮，系统显示"成功保存数据"。

说明：应上缴各税及其他款项明细表为非法定申报表，此表填报要求应根据当地税务机关要求来做。初次使用网上申报的纳税人往往会误认为填报了此表，就表示已经申报了应在地税申报的税种信息。它只是用于反映记录企业每月上缴地税税款的明细资料，便于企业和税务机关查询企业缴税情况，税务机关无法根据此表扣款，与纳税系统没有直接联系。企业是否填报此表应根据当地税务机关的要求去做。

技巧：为了能方便连续查看企业每月缴税情况，企业最好也把此表同纳税申报表装订成册一起保管。

4. 进入纳税申报模块

打开"纳税申报"模块，选择本期需要申报的税种。

说明：在地税申报的税种很多，企业的网上申报系统不可能把所有税种都进行显示。税务机关在企业办理税种认定时，根据每个企业的经营性质来确定其主要税种，并将主要税种的申报模块加入企业自己的申报系统中。其他未加入申报系统的税种可在发生时去办税服务大厅直接缴纳，打印完税凭证。

税种认定登记是在纳税人办理了开业税务登记和变更税务登记之后，由主管税务局根据纳税人的生产经营项目，进行使用税种、税目、税率的鉴定，以指导纳税人、扣缴义务人办理纳税事宜。

纳税人应在领取《税务登记证》副本后和申报纳税之前，到主管税务机关的征收管理科申请税种认定登记，填写《纳税人税种登记表》。

5. 纳税申报

点击"综合纳税申报表"后，进入正式纳税申报系统，系统中显示企业每月固定申报的税种，企业只要输入计算基数，系统自动计算申报税额。

注意：本模块中所显示的税种并不是每月都必须上缴税款的，有些税种是分季度申报（如按购销合同申报的印花税）或半年度申报（如房产税），但是纳税人每月必须对系统中显示的税种进行申报。

申报类型一般分为申报、零申报、不申报和已逾期。

- 申报：表示该税种应在本月申报，并且企业产生应缴税款。
- 零申报：表示该税种应在本月申报，但是没有产生应缴税款（就是人们通常所说的交不着税）。按规定应在当期申报的税种，无论当月

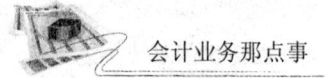

有无发生额均要进行申报，所以遇到此种情况，纳税人就应选择"零申报"。

- 不申报：表示该税种尚未到期或不在本月申报。
- 已逾期：当过了系统规定的申报日期，系统自动将该税种定为已逾期，企业就无法进行申报。

6. 生成税票

点击生成税票进入系统页面。点击查询查看本月缴税明细。

7. 缴税明细核对

点击查询后显示本月缴税明细，认真核对无误后可生成税票。

8. 税票扣款

点击税票扣款查询，进入系统页面点击请求扣款，系统自动开始扣款。系统扣款成功，企业可去银行打印完税凭证。

9. 银行打印完税凭证

企业申报成功，企业开户银行自动将税款划入税务机关，企业可随时打印完税凭证；若是扣款不成功，企业可去税务机关打印，由税务机关直接扣款打印完税凭证。

注意：纳税申报成功后要确认已经成功扣款，未扣款成功税款是无法划入税务机关的。网上成功扣款后，企业应在申报期结束前去银行打印完税凭证，确认税款成功扣除。

说明：税库银联网协议是一种通过网络系统扣缴税款的协议，是税务机关、银行、纳税人三方的联名协议。办理了税库银联网协议的纳税人在税款缴纳、发票领购的过程中可以通过电子扣款的形式完成，无需到银行或用现金的形式完成。纳税人在办理了网上申报之后，在通过互联网进行纳税申报的同时可以通过网上扣款形式完成税款缴纳，无需再到办税大厅窗口开具《缴款书》到银行缴纳税款。同样在购买发票时也无需缴纳现金，扣款凭证由银行提供。

6.5　发票的管理

发票，我们应该非常熟悉，在会计核算中，发票是重要的原始票据，当然

也是税金检查的重要依据。因此，发票的管理非常重要。

发票来源于税务机关，由税务机关负责发票的印刷、领购，以及代开发票、进行保管、缴销等的管理和监督。

6.5.1 发票的种类、样式和内容

发票的种类、样式和内容以及使用范围都是由国家税务局规定的。税务机关管理发票的法定标志是：全国统一发票监制章，其形状、规格、内容和印色都是由国家税务总局规定。

发票的基本联次为三联：第一联为存根联，由开票方留存备查；第二联为发票联，由收执方作为付款或者收款的凭据；第三联为记账联，由开票方作为记账原始凭证。增值税专用发票，除了以上基本联次外，还有抵扣联，由收执方作为抵扣税款的凭据。

发票的基本内容包括：发票的名称、发票的编号、联次和用途；单位名称；开户银行及账号；商品名称或经营项目；计量单位、数量、单价、小写金额、大写金额；开票人；开票日期；开票单位盖章等。发票的样式如表6-5所示。

表 6-5 ××省商业企业专用发票

发票编号：0000058　　　　　　　　　　　　发票联

客户名称：胜达商贸有限公司

编号	商品名称	规格	单位	数量	单价	金				额			
						十	万	千	百	十	元	角	分
001	办公用品		批	1	600			6	0	0	0	0	
小写金额合计								￥	6	0	0	0	0
大写金额		拾	万	仟	佰	拾	元	角	分				

二、付款方收执

开票单位（盖章）：　　　　开票人：　张××　　　　开票日期：2011 年 08 月 05 日

提示：在全国统一式样的发票，由国家税务局进行确定。在其他各地方的统一式样的发票，由省级税务机关来确定。

6.5.2 发票的印制

发票是由省、自治区、直辖市的税务机关指定的企业进行印制；增值税专用发票是由国家税务总局指定的企业统一印制。绝对禁止私自印刷、伪造和变造发票。发票应当由全国统一发票监制章，该章的式样和发票版面要求由国家税务局规定。

6.5.3 发票的领购

凡是已经办理了税务登记的单位和个人，在领取了税务登记证之后，都可以向主管税务机关申请领购发票。具体领购发票的程序是：由申请单位和个人提出购票申请，填写发票领购申请表，并且提供经办人的身份证明、税务登记证以及其他相关的资料，另外需单位的印章（公章或者财务章），经由税务机关审核后，发给发票领购簿。企业可以根据需要，要税务机关领购发票。

如果临时需要发票的单位和个人，可以直接向税务机关申请办理。办理时，需要提供发生购销业务或者接受服务等经营活动的书面证明。对于税法要求需要缴纳税款的，在税务机关开具发票的同时要结清税款。

6.5.4 发票的开具和保管

从事销售商品或者提供劳务的企业和个人，在收到款项时，应当向付款单位开具发票；同样，所有在购买商品或者接受服务等支付款项时，都应当向收款方索取发票。取得发票时，不得要求变更品名和金额。对于不符合规定的发票，任何单位有权拒收。

提示：开具发票一定是已经确认了营业收入的发生，如果没有发生经营业务，一律不允许开具发票。

在开具发票时要注意，按照发票的顺序填写，项目要填写齐全，内容真实，字迹清晰，内容一致，并要加盖单位的财务印章或者发票专用章。

使用计算机开具发票的，需要经过主管税务机关批准，并且使用统一的发票，开具后的存根联应当按照顺序装订成册。

任何单位和个人不得转借和转让发票；未经税务机关批准，不得随意拆本使用发票；不得随意变更发票使用的范围。

开具发票的单位和个人应当建立发票使用登记制度，根据企业的实际情况

设置发票登记表或登记薄，并且定期向税务机关报告发票使用情况。对于开具的发票要按照固定妥善存放和保管，不得丢失。已经开具的发票存根联和发票登记薄应当保存 5 年。保存期满，报经税务机关查验后方可销毁。

6.5.5 发票的检查

根据《发票管理办法》规定，税务机关要对单位和个人的发票进行定期检查，具体检查以下几项内容：

（1）检查领购、开具、取得和保管发票的情况；

（2）随机调出发票检查；

（3）检查、复制与发票有关的凭证和资料；

（4）询问与发票有关的情况；

（5）在调查有关发票案件时，可以记录、复制、录像等。

提示：使用发票的单位和个人，必须接受税务机关的检查，要如实地反映情况，提供相关的资料，不得以任何理由拒绝和隐瞒。税务机关人员检查时，应当出示税务检查证件。

6.5.6 违反发票管理规定的行为及其相应的处罚

纳税人应当按照发票的管理规定，认真履行有关的义务。《发票管理办法》中列举了 6 种违法发票管理规定的行为：

（1）未按照规定印制发票以及生产发票防伪用品的行为。主要包括：企业私自印制发票、私自生产发票防伪专用品、私自印制增值税专用发票、伪造发票监制章等。

（2）未按规定领购发票的行为。主要包括：向税务机关以外的单位和个人购买发票、私售倒卖发票、贩运假发票、向他人借用发票或借用他人发票、盗取发票等。

（3）未按规定开具发票的行为。主要包括：应开具而未开具发票、发票的所有联次内容不一致、填写的内容不齐全、涂改发票、转借转让发票、未经批准拆本使用发票、虚构经营业务、虚开发票、开具作废票等。

（4）未按规定取得发票的行为。主要包括：取得违规的发票、应取得而未取得发票、发票与实际业务不符、自行填开发票等。

（5）未按规定保管发票的行为。主要包括：丢失发票、损坏或撕毁发票、

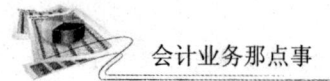

丢失或未按规定保存存根联和发票登记簿、未按规定缴销发票等。

（6）未按规定接受税务机关检查的行为。主要包括：以任何理由拒绝检查、隐瞒真实情况、刁难和阻挠税务检查人员进行检查、拒绝提供有关资料、拒绝接受询问等。

如果有上述行为之一的单位和个人，都应当由主管税务机关责令其限期改正，并没收非法所得，可以处以 1 万元以下的罚款。税务机关对于违反发票管理行为进行处罚时，应当将处理的结果书面通知当事人。

6.6　工商年检步骤

工商年检的事项严格来说和纳税申报不一样，但是在企业的日常实际工作中，工商年检多数是由企业的会计人员进行的。工商年检的手续在各地也有可能在细节上不太一样，但大体的营业执照年检手续如图 6-5 所示。

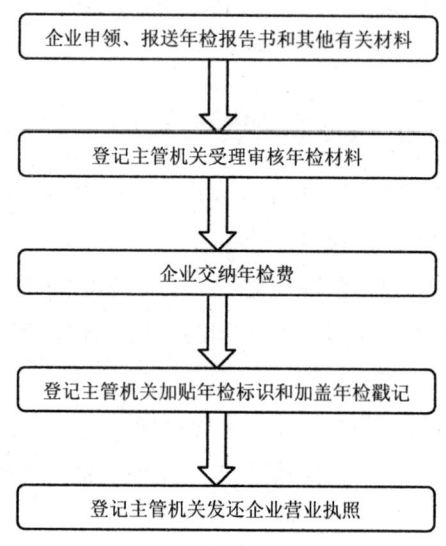

图 6-5　工商年检流程

企业年检需要提交的文件一般如表 6-6 所示。

表 6-6　企业年检需要提交的文件

序号	提交文件	内容说明
1	年检报告书	可去工商局申领或是从网站上下载

续表

序号	提交文件	内容说明
2	营业执照正、副本	
3	企业年度资产负债表和损益表	注意有些是需要经过审计的
4	其他应提交的材料	投资人身份证复印件（如出资人为单位的需提供的是投资单位经过年检的营业执照复印件）、公司章程、法定代表人身份证复印件、法定代表人签发的授权委托书、组织机构代码证书。 说明：法人身份证、所有营业执照副本、经营范围中涉及许可或审批项目的均应提供在有效期内的许可证、批准文件原件和复印件，并加盖公章确认与原件一致
5	企业经营范围中含有下列项目的，必须提交有关部门核发的合法、有效的许可证或批准文件复印件并查验原件	（1）从事化学危险品生产、经营、运输的； （2）从事经营宾馆、旅馆、住宿业务的； （3）从事非煤矿山开采的； （4）从事生产经营民用爆破器材、烟花爆竹的； （5）从事歌舞娱乐、电子游戏、桑拿按摩、录像放映、网吧等行业的； （6）从事经营出入境中介服务的； （7）从事拍卖、典当行业的； （8）从事机动车维修的。

注意：非法人分支机构，除提交以上所列文件外，还应当提交所属法人营业执照复印件。营业执照复印件应当加盖登记主管机构公章。公司和外商投资企业应当提交年度审计报告。不足一个会计年度新设立的企业法人和按照章程或合同规定出资期限到期的外商投资企业，应当提交验资报告。登记主管机关要求进行验资的其他企业，也应当提交验资报告。

现在有很多地方实行了工商年检的网上办理，以北京为例，网上年检具体步骤如图 6-6 所示。

1. 登录

企业进入网上年检平台，选择登录方式。

方式一：企业无营业执照电子副本的，输入企业营业执照上的企业标识和企业名称，网上年检系统显示企业名称和注册号，企业确认后登录用户界面。

方式二：企业持有工商部门颁发的营业执照电子副本的，将其插入电脑USB 接口并输入密码。系统自动匹配，确认企业身份，企业登录用户界面。

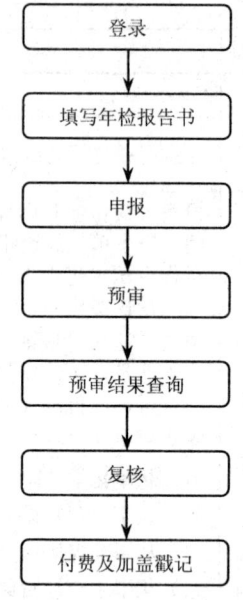

图 6-6　工商年检的网上办理步骤

2. 填写年检报告书

企业登录用户界面后单击"填写年检报告书"按钮。系统将根据登录企业的类型自动匹配相应的年检报告书。企业在网上填写年检报告书的过程中，可单击"暂存"按钮暂时保存所填写的内容，并可重复登录，对错漏的内容进行补充修改，直至确认所有填写内容准确完整。

3. 申报

企业确认填写内容准确完整后单击"提交"按钮。系统将根据网上年检报告书中设置的必输项和表间平衡进行判断和计算，不符合要求的，自动提示企业进行补充修改；符合要求的，将提示企业申报结果。

4. 预审

工商部门在企业申报网上年检后5个工作日内对其申报内容进行预审。工商部门认为企业申报内容不完整或者有错误的，网上告知预审结果，并退回企业修改；认为企业申报内容完整且符合年检规定的，网上告知其其预审结果；认为企业涉嫌违反工商行政管理法律、法规或者规章的，网上告知预审结果，并要求企业在规定时间内到指定工商年检窗口办理年检相关事宜；

5.　预审结果查询

企业登录网上年检用户界面，查询预审信息。

查询结果为"退回修改"的，单击"修改年检报告书"按钮，根据工商部门退回修改的意见对网上年检报告书内容作补充修改。

查询结果为"查看预审结果"的，根据告知书要求下载打印经预审的年检报告书，携带告知书所列材料，在规定时间内到指定地点办理年检相关事宜。

6.　复核

企业携带经预审的年检报告书和相关年检材料到指定地点办理年检复核。工商部门依法对其申报材料进行审查。

7.　年检付费和年检戳记加盖

企业缴纳工商年检费后，工商部门在企业营业执照正、副本（原件）上加盖年检戳记。

6.7　常见问题解答

6.7.1　如何办理纳税担保

纳税担保指的是经过税务机关同意，纳税人可以以保证、抵押、质押的方式，对应当缴纳的税款提供担保。办理纳税担保有以下几种方式：

1.　纳税保证

纳税保证需要有保证人，保证人需具有担保能力。那么如何鉴别是否有担保能力？具体来说，如果是法人或者其他经济组织，其财务报表中显示的资产净值超过将要担保的税额 2 倍以上的，就确认其有担保能力；如果是自然人、法人等所拥有的合法的且未做过其他担保的财产价值总额超过将要担保的税额的，也认定其具有纳税担保能力。

保证人履行其保证责任的期限是 15 天，也就是说纳税保证人应当从收到税务机关的纳税通知书时起 15 天之内履行其保证责任，进行缴纳税款及其滞纳金。如果保证人没有按照规定的期限缴纳税款和滞纳金的，税务机关会发出责令限期缴纳的通知书，责令其在 15 天之内缴纳；逾期仍然没有缴纳的，则要对纳税保证人采取强制执行的措施。

2. 纳税抵押

纳税抵押就是以财产作为担保，财产本身的所有权不发生改变。如果纳税人逾期没有缴清税款及滞纳金的，税务机关则有权用该财产抵缴税款和滞纳金。

纳税抵押财产时，应当办理抵押物登记。办理时，纳税人向税务机关提供该财产的合法有效的证明文件。在抵押期间，如果纳税人需要转让财产，需经过税务机关同意后，方可进行转让事项。转让后的所得款项首先要缴纳所担保的税款和滞纳金。如果在规定的期限，纳税人仍然没有缴清税款，税务机关可以依法变卖抵押物，用来抵缴所欠的税款和滞纳金。其规定的期限也是 15 天。

3. 纳税质押

纳税质押就是用除了不动产以外的财产进行质押。主要是支票、汇票、银行本票、债券等权利凭证作为质押。以这些做质押的，要在票据的背书记载"质押"字样。其余的做法与上述相同，不再重复。

6.7.2　发生纳税争议如何办理

企业作为纳税人，有依法进行纳税的义务。在纳税期间，如有发生纳税争议，实际工作中解决争议一般是按如下程序办理：

（1）首先，涉及纳税人、扣缴人或者纳税担保人在纳税上与税务机关发生争议时，必须先要按照规定缴清税款和滞纳金。

（2）纳税人、扣缴人或纳税担保人如有疑问，可在收到税务机关的缴款书之日起 60 天内，向主管税务机关的上一级税务机关提出争议，也就是进行复议。

（3）按照规定，上一级税务机关应当自收到纳税人提交的复议申请之日起 60 天内作出相应的决定。其法律程序是依据《税务行政复议规则》来执行的。

（4）如果当事人对做出的复议决定不服的，在接到税务机关的复议决定书之日起 15 天内，向人民法院起诉，其法律程序是参照《中华人民共和国行政诉讼法》执行的。

6.7.3　税务代理要怎样操作

关于税务代理，就是指企业将纳税事项委托于专业的代理机构进行具体的操作。作为税务代理，首先要对其服务的企业进行基本的了解，掌握关于企业税务登记的相关内容；其次要了解该企业的行业性质；还得掌握企业核定的相关税种以及操作方法。

在进行委托代理之前首先双方要签订税务代理协议，约定办理涉税的各项事务。税务代理服务从协议签订之日起开始生效。税务代理工作一般是月初进行，在报税期内收集企业的各项资料，计算出各项应纳税额，然后进行申报。其具体的操作程序有以下几点：

1. 个人所得税的核算和申报

需要收集企业的员工工资表，计算出员工应代缴的个人所得税，然后填制个人所得税代扣代缴申报表，进行网上申报或者直接申报。申报成功需打印出申报表。

2. 增值税的核算和申报

根据企业发生进项税额和销项税额，计算出当月应缴纳的增值税额。填制增值税纳税申报表，进行网上申报或者是直接柜台申报。

3. 营业税、城市建设维护税和教育费附加的核算和申报

收集企业的资产负债表和损益表，确认当月营业额，然后计算出营业税、城市建设维护税和教育费附加额，填写纳税申报表，进行网上申报或直接申报。

4. 企业所得税以及汇算清缴的核算和申报

企业所得税一般是季度末申报，汇算清缴则是年末终了申报。企业所得税需要根据企业的会计报表和账簿确认收入和各项成本、费用，按照税法规定计算出调整项，确认应纳税所得额，填制企业所得税预缴申报表，进行网上申报或者直接申报；汇算清缴的程序和企业所得税基本一致，需要注意的是按照税法要求进行相应的调整。

5. 其他税种的核算和申报

企业如有涉及其他如土地增值税、房产税、印花税、契税等税种，按照税务机关的要求——进行申报。

6.7.4　如何办理减免税及出口退税

按照国际通行的管理以及有关税收制度，对于出口货物应当实行减免税以及出口退税制度，目前一般对于出口货物减、免、退主要采取"先征后退"、"免、抵、退"等办法。

1. 先征后退

这是出口退税的常用方法。具体指的是对于出口货物先按照税法规定缴纳增

值税和消费税，当货物出口后，由负责出口的外贸公司向其管辖的主管税务机构申请办理出口货物退税。也就是说在生产和供货环节征税，在出口环节退税。

2. "免、抵、退"税

"免、抵、退"税指的是对于出口货物在生产和销售环节实行免税，用其进项税额先进行抵扣货物的销项税额，不足以抵扣的部分要进行退税。具体来说，其"免"税，就是对于生产和销售环节免税；"抵"税是指对出口货物税款和内销货物税款进行抵扣；"退"税就是指未抵扣完的，由税务机构批准，对未抵扣部分可以退税。

6.7.5 企业往年补亏退税要怎样处理

纳税人如果当年度发生亏损，可以用下一年的利润进行弥补，如果下一年度也不足以弥补亏损的，可以逐年延续进行弥补，一般规定弥补期最长不超过5年。也就是5年之内，都可以进行弥补亏损。

具体方法是：开始弥补是从亏损年度的下一个年度起连续5年不间断地进行弥补。如果连续两个以上年度都发生亏损，也要按照先亏先补的原则，不可以随意弥补。在进行亏损弥补提交时，在年度终了45天内，将本年度的纳税申报表和财务报表，报送给税务机关，并且按照规定提交弥补亏损的资料，报经税务机关批准。

例如：

迅达商行2005~2011年的盈亏情况如表6-7所示。

表6-7 迅达商行2005-2011年盈亏情况表

年度	2005	2006	2007	2008	2009	2010	2011
盈亏（万元）	-100	-40	10	20	50	40	60

请分析该企业如何进行弥补亏损。

解析：该企业2005年亏损100万元，按照规定可以用2006~2010年度的利润进行弥补。即使2006年该企业也发生了亏损，也要作为弥补亏损的第一年度。那么，2005年度的亏损实际上是用2007~2010年的利润120万元来弥补。弥补完后还剩余20万元盈利；而2006的亏损按照规定可以用2007~2011年度的盈利进行弥补，那么，可以用2010年剩余的利润和2011年度的利润进行弥补，弥补后，剩余的40万元的盈利按照税法规定缴纳税款。

第7章

模拟企业概况

会计人员不仅要熟悉会计实务操作的基础知识，还要具有熟练编制会计凭证、登记账簿、编制会计报表的从业技能。本章模拟河北钢管制造有限公司的情况，介绍了公司的概况、会计核算组织程序、会计政策和核算方法、期初财务状况。

7.1 河北钢管制造有限公司概况

河北钢管制造有限公司是本章模拟的会计主体，具体情况如下：

（1）企业名称：河北钢管制造有限公司

（2）地址及电话：石家庄市北二环东路 56 号 87680688

（3）企业类型：有限责任公司

（4）法定代表人：杨龙飞

（5）注册资本：1000 万

（6）纳税人（增值税一般纳税人）识别号：130685974321167

（7）基本存款账户名称及账号：工商银行建华支行 801303160390130

（8）经营范围：工业产品制造

该公司使用 10#、20#圆钢为原材料，专门生产无缝钢管和高压锅炉管，产品生产周期为一个月左右，拥有秦皇岛机械厂、承德华宇机械厂、河北工程安装有限公司、承德泰华锅炉厂等多家固定客户，产品在河北省市场具有较好的占有率。

公司设有一个基本生产车间，一个机修辅助生产车间，行政管理部门、财务部门、仓库保管部门和销售部门。公司法定代表人为董事长杨龙飞，财务负责人王华，会计孙艳玲，出纳王小丽，制单李静，仓库管理员刘宁。财务部门的 4 名人员，分工明确，各尽其职。会计孙艳玲负责审核记账凭证，根据记账凭证、原始凭证、原始凭证汇总表登记各种明细账，编制科目汇总表，并据以登记总账。出纳王小丽负责库存现金和银行存款的收付业务，并登记现金日记账和银行存款日记账。制单李静负责编制记账凭证，并核算材料、工资、产品的生产成本。

7.2 公司会计政策和核算方法

模拟企业——河北钢管制造有限公司，根据公司经济业务的特点和管理要求，选择适当的会计核算程序，执行科学的财务制度和会计政策，采用合理的会计核算方法。

7.2.1 会计核算组织程序

公司采用通用记账凭证，设有订本式现金日记账、银行存款日记账和总账，活页式明细账，并每月汇总编制一次科目汇总表，登记总账，如图 7-1 所示。

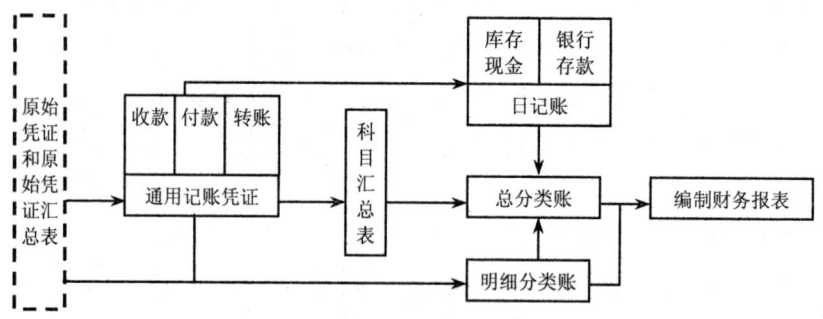

图 7-1　会计核算组织程序

7.2.2 会计政策和核算方法

（1）公司执行会计准则和《企业会计制度》及其补充的规定，采用公历年度为会计年度，即自公历 1 月 1 日起至 12 月 31 日止，以人民币为记账本位币。会计核算以权责发生制为基础，资产计价遵循历史成本原则。

（2）公司库存现金限额为 5000 元，银行存款余额调节表每月编制一次。

（3）原材料采用实际成本核算，发出材料采用月末一次加权平均法计价，发出材料的实际成本月末根据有关"领料单"编制"发出材料汇总表"一次结转。

（4）低值易耗品和包装物采用实际成本核算，摊销采用一次摊销法。

（5）产品成本计算采用品种法，单独设置"制造费用"科目，"生产成本"科目分为直接材料、直接人工、制造费用 3 个成本项目。

（6）产成品的收发按实际成本核算。发出产成品的实际单位成本按全月一次加权平均法计算。

（7）辅助生产车间单独核算，不设置"制造费用"科目，采用直接分配法，按生产工时比例分配。

（8）采用平均年限法计提固定资产折旧。房屋建筑物月折旧率为 0.35%，机器设备月折旧率为 1.6%，运输设备月折旧率为 2%，办公设备月折旧率为 2.5%。

（9）无形资产实行平均年限法摊销。

（10）公司为增值税一般纳税人，税率为 17%，公司购入货物和接受劳务按规定抵扣增值税；按最新的个人所得税法计算职工应缴个人所得税，起征点为 3500 元，职工应负担的个人所得税由公司代扣代缴。所得税税率为 25%；城市维护建设税率为 7%，教育费附加为 3%。

（11）公司借款按月计提利息。

（12）年末按净利润的 10%提取法定盈余公积，按 5%提取任意盈余公积。

（13）公司经减值测试按应收账款余额 5‰计提坏账准备，各种其他应收款不计提坏账准备。

（14）公司固定资产期末按可收回金额与账面价值孰低法计量，对可收回金额低于账面价值的差额，计提固定资产减值准备。

（15）公司执行中华人民共和国财政部制定的《企业会计准则》。

7.3　公司期初财务状况

公司建账时，应根据 2011 年 12 月 1 日的财务状况，将资产类、负债类、所有者权益类科目的余额登记入账，现将各科目的余额列示如下：

（1）有关总分类账及其明细分类账户期初余额（金额单位：元），如表 7-1 所示。

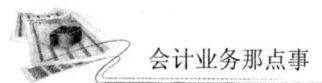

表 7-1 总分类账及明细分类账户期初余额表

总账账户	明细账户	期初余额	总账账户	明细账户	期初余额
库存现金		2820.00	短期借款		500000.00
银行存款		1822340.00	长期借款		1800000.00
应收票据		940000.00	应付账款		358739.00
	石家庄机械厂	50000.00		唐山众鑫钢铁有限公司	280000.00
	河北重阳钢材有限公司	890000.00		唐山中昊钢材厂	8439.00
应收账款		934000.00		石家庄浩宇有限公司	2300.00
	秦皇岛机械厂	120000.00		辽宁恒大钢铁有限公司	68000.00
	承德华宇机械厂	34000.00	应付利息		25200.00
	河北工程安装有限公司	780000.00	应付职工薪酬		2066526.00
坏账准备		-4670.00		工资	1278000.00
原材料		1688400.00		职工福利	178920.00
	10#圆钢	874000.00		社会保险费（养老）	255600.00
	20#圆钢	780000.00		社会保险费（医疗）	102240.00
	抗磨液压油	22400.00		社会保险费（失业）	25560.00
	黄油	12000.00		社会保险费（生育）	8946.00
周转材料		6000.00		社会保险费（工伤）	19170.00
	低值易耗品（工作服）	6000.00		住房公积金	153360.00
生产成本		159000.00		工会经费	25560.00
	无缝钢管	68000.00		职工教育经费	19170.00
	高压锅炉管	91000.00	应交税费		64790.00
库存商品		1723820.00		未交增值税	58900.00
	无缝钢管	922500.00		应交城建税	4123.00
	高压锅炉管	801320.00		应交教育费附加	1767.00
固定资产		11066000.00	实收资本		10000000.00
累计折旧		-2246000.00	资本公积		204800.00
无形资产		630000.00	盈余公积		894560.00
累计摊销		-126000.00	利润分配		682095.00

续表

总账账户	明细账户	期初余额	总账账户	明细账户	期初余额
其他应收款					
	张正光	1000.00			
合计		16596710.00			16596710.00

（2）"原材料"期初余额明细资料（金额单位：元），如表 7-2 所示。

表 7-2　原材料期初余额表

	名称	单位	数量	单价	金额
原材料	10#圆钢	吨	380	2300	874000.00
原材料	20#圆钢	吨	300	2600	780000.00
原材料	抗磨液压油	桶	16	1400	22400.00
原材料	黄油	桶	8	1500	12000.00
合计					1688400.00

（3）"库存商品"期初余额明细资料（金额单位：元），如表 7-3 所示。

表 7-3　库存商品期初余额表

	名称	单位	数量	单价	金额
库存商品	无缝钢管	吨	300	3075	922500.00
库存商品	高压锅炉管	吨	230	3484	801320.00
合计					1723820.00

（4）"周转材料——低值易耗品"期初余额明细资料（金额单位：元），如表 7-4 所示。

表 7-4　周转材料期初余额表

	名称	单位	数量	单价	金额
低值易耗品	工作服	套	100	60	6000.00
合计					6000.00

（5）"固定资产"期初余额明细资料（金额单位：元），如表 7-5 所示。

表 7-5　固定资产期初余额表

类别部门	房屋、建筑物	机器设备	运输设备	办公设备	合计
基本生产车间	850000	5730000			6580000
机修辅助车间	300000	1340000			1640000
行政管理部门	1350000		520000	350000	2220000
销售部门	250000		360000	16000	626000
合计	2750000	7070000	880000	366000	11066000

（6）本月产品生产情况表，如表 7-6 所示。

表 7-6　本月产品生产情况表

产品名称	单位	期初在产品数量	本月投产数量	本月完工数量	月末在产品数量
无缝钢管	吨	20	670	650	40
高压锅炉管	吨	26	704	700	30

（7）"生产成本——基本生产成本"期初余额明细资料（金额单位：元），如表 7-7 所示。

表 7-7　生产成本——基本生产成本期初余额明细账

产品名称	计量单位	数量	成本项目			合计
			直接材料	直接人工	制造费用	
无缝钢管	吨	20	31000	23000	14000	68000.00
高压锅炉管	吨	26	50000	28000	13000	91000.00
合计			81000	51000	27000	159000.00

在后面的账务处理中，我们将以河北钢管制造有限公司在 2011 年 12 月份作为一个完整的会计期间，按月进行会计核算，并登记有关账簿，最后以编制月度报表结束整个过程。

第 8 章

2011 年 12 月份经济业务的账务处理

我们将在河北钢管制造有限公司 2011 年 12 月 1 日相关账簿记录的基础上，根据会计实务操作的流程，按照经济业务发生的顺序，进行会计凭证的填制、会计账簿的登记、会计报表的编制，展现会计实务操作的全过程。

8.1 公司财务往来登记

8.1.1 办事员业务明细

2011 年 12 月份，河北钢管制造有限公司发生的经济业务如下：

业务 1：

12 月 1 日，向唐山中昊钢材厂购入 10#圆钢 120 吨，单价 2680 元，价款 321600 元，增值税进项税额 54672 元，运杂费 8700 元。10#圆钢已验收入库，货款及运费已支付（如表 8-1 至表 8-4 所示）。

表 8-1

收 料 单

供应单位：唐山中昊钢材厂　　　　　　　　　　　　　　　　　　　　第 001 号

发票号码：87654321　　　　　　　2011 年 12 月 1 日　　　　　收料仓库：1 号仓库

材料编号	材料名称	规格	单位	数量		实际价格			
				应收	实收	单价	发票金额	运杂费	合计
	10#圆钢	10#	吨	120	120	2680	321600	8700	330300
合　计									

仓库负责人：　　　　　　　　　经办人：　　　　　　　　　收料人：刘宁

表 8-2

全国通用货物运输业统一发票

公路、内河货物运输业统一发票

开票日期：2011 年 12 月 1 日				发票号码：00566783	
机打代码	24300637735				
机打号码	1176878			1776JJKLFHDAIHFIFIFJF2447LLKHHA	
机打编号	9298777		码		
收货人及纳税人识别号	河北钢管制造有限公司 130685974321167		承运人及纳税人识别号	唐山顺风货运公司 234123786087889	
发货人及纳税人识别号	唐山中昊钢材厂 324983987327677		主管税务机关及代码	唐山市路北区地方税务局 083736	
运输金额	10#圆钢 120 吨 运杂费 ¥8700.00 元		其它金额	无	备注：
运费小计	¥8700.00		其他费用小计	¥0.00	
合计（大写）	捌仟柒佰元整			（小写）： ¥8700.00	

承运人盖章： 　　　　　　　　　　　　　　　开票人：刘海

表 8-3

1100094140　　河北省增值税专用发票　No 87654321

发票联

开票日期：2011 年 12 月 01 日

购货单位	名　　称：河北钢管制造有限公司				密码区	2-65745<19458<38455504851		
	纳税人识别号：130685974321167					75/375079848*7>+>-2456//65		
	地址、电话：石家庄市北二环东路 56 号 87680688					>*8574524567-7<8*87453/+<4		
	开户行及账号：工商银行建华支行 801303160390130					13-3001152-/>7144442>>5568-		
货物或应税劳务名称	规格型号	单位	数量	单价	金额	税率	税额
圆钢	10#	吨	120	2680.00	321600.00	17%	54672.00
合计					¥321600.00		¥54672.00
价税合计（大写）：	叁拾柒万陆仟贰佰柒拾贰元整 ¥376272.00					（小写）：	
销货单位	名　　称：唐山中昊钢材厂						
	纳税人识别号：110108766789886						
	地　址、电话：唐山市大庆道 1 号 62887769						
	开户行及账号：工行大庆道支行 117018098767912						

收款人：　　　　复核：　　　　开票人：张西　　销货单位：（章）

第二联：发票联　购货方记账凭证

表 8-4

中国工商银行 电汇凭证（回单）

委托日期 2011 年 12 月 1 日

汇款人	全 称	河北钢管制造有限公司	收款人	全 称	唐山中昊钢材厂										
	账 号	801303160390130		账 号	117018098767912										
	汇出地点	石家庄市		汇入地点	唐山市										
汇出行名称		工商银行建华支行	汇入行名称		工行大庆道支行										
金额	人民币（大写）	叁拾捌万肆仟玖佰柒拾贰元整				千	百	十	万	千	百	十	元	角	分
							¥3	8	4	9	7	2	0	0	
附加信息及用途：货款及运费															
			汇出行盖章												
单位主管 会计师 复核 记账				2010 年月 12 月 1 日											

此联是汇出行给汇款人的回单

业务 2：

12 月 1 日，职工张光正报销差旅费 1460 元，补付现金 460 元（如表 8-5 所示）。

表 8-5

差 旅 费 报 销 单

2011 年 12 月 01 日

服务部门	行政管理部门		姓名	张光正	出差天数	自 11 月 29 日至 12 月 1 日共 3 天		
出差事由	考察				预借差旅费金额	¥1000.00	超支 ¥460.00	
					结算金额	¥1460.00		
出发		到达		起始地点	交通费	住宿费	餐费	其他	合计
月	日	月	日						
11	29	12	1	石家庄—承德	480	400	300	280	1460
合 计				壹仟肆佰陆拾零元零角零分					

主管：   会计：孙艳玲   出纳：王小丽   报销人：张光正

业务3:

12月2日,收到承德华宇机械厂前欠货款34000元(如表8-6所示)。

表8-6

中国工商银行 进账单(收账通知)

2011 年 12 月 2 日

出票人	全　称	承德华宇机械厂	收款人	全　称	河北钢管制造有限公司									
	账　号	122833738094099		账　号	801303160390130									
	开户银行	承德市建行冯营子支行		开户银行	石家庄市工商银行建华支行									
人民币(大写)		叁万肆仟元整				百	十	万	千	百	十	元	角	分
							￥	3	4	0	0	0	0	0
票据种类	转账支票	票据张数	1											
票据号码														
复核		记账												

业务4:

12月2日,归还工商银行500000元短期借款(如表8-7所示)。

表8-7

中国工商银行贷款还款凭证

2011 年月 12 月 2 日

借款单位名称	河北钢管制造有限公司	贷款账号	8776200	结算账号		801303160390130						
还款金额(大写)	伍拾万元整			千	百	十	万	千	百	十	元	角	分
					￥	5	0	0	0	0	0	0	0
贷款种类	流动资金借款	借出日期		约定还款日期								
		2011 年 6 月 1 日		2011 年 12 月 2 日								
上列款项从本单位往来户如数支付				银行盖章								
单位签章												

业务 5：

12 月 2 日，基本生产车间生产无缝钢管领用材料 10#圆钢 80 吨、20#圆钢 40 吨，机修车间领用材料抗磨液压油 2 桶（如表 8-8 和表 8-9 所示）。

表 8-8

领 料 单

领料单位：基本生产车间　　　　　　　　　　　　　　　　　　编号：001
用　途：生产无缝钢管　　　　　　　2011 年 12 月 2 日　　　　仓库：1 号仓库

材料编号	材料名称	规格	单位	数 量		单价	金额
				请领	实发		
	10#圆钢	10#	吨	80	80		
	20#圆钢	20#	吨	40	40		

领料部门负责人：　　　　　　　　领料人：张丹　　　　　　　　发料人：刘宁

表 8-9

领 料 单

领料单位：机修车间　　　　　　　　　　　　　　　　　　　　编号：002
用　途：日常维护　　　　　　　　　2011 年 12 月 2 日　　　　仓库：1 号仓库

材料编号	材料名称	规格	单位	数 量		单价	金额
				请领	实发		
	抗磨液压油		桶	2	2		

领料部门负责人：　　　　　　　　领料人：孙立军　　　　　　　发料人：刘宁

不用做记账凭证，只登记原材料明细账，月末编制发出材料汇总表，再根据发出材料汇总表编制记账凭证。

业务 6：

12 月 3 日，向承德泰华锅炉制造厂销售高压锅炉管 16 吨，单价 7400 元，价款 118400 元，增值税销项税额 20128 元。货已发出，并向银行办理委托收款手续（如表 8-10 至表 8-12 所示）。

表 8-10

产 成 品 出 库 单

2011 年 12 月 3 日

No 00001

产品名称	型号规格	单位	出库数量	单价	金额	备注
高压锅炉管		吨	16			

记账：孙艳玲　　　　　保管：刘宁　　　　　检验：　　　　　制单：李静

表 8-11

1100094140

河北省增值税专用发票

No 8645655

记 账 联

开票日期：2011 年 12 月 03 日

购货单位	名　称：承德泰华锅炉制造厂　　纳税人识别号：987767873022874　　地址、电话：承德市山前大道 85 号　　开户行及账号：建设银行山前大道支行　　673891901744423	码区	1-987635<119433358<83353504851 75/37579848*7>+>-72525387//85 >*754345245746-7<8*884653/+<4 13-3001635532-/08766442>>58468-

货物或应税劳务名称	规格型号	单位	数量	单价	金额	税率	税额
高压锅炉管		吨	16	7400.00	118400.00	17%	20128.00
合计					￥118400.00		￥20128.00

价税合计（大写）：	壹拾叁万捌仟伍佰贰拾捌元整	（小写）￥138528.00

销货单位	名　称：河北钢管制造有限公司　　纳税人识别号：130685974321167　　地址、电话：石家庄市北二环东路 56 号　87680688　　开户行及账号：工商银行建华支行　801303160390130	备注

收款人：　　　　复核：　　　　开票人：张苗　　　　销货单位：（章）

第三联：记账联 销货方记账凭证

表 8-12

委 托 收 款 凭 证（回单）

委托日期 2011 年 12 月 03 日

付款人	全称	承德泰华锅炉制造厂	收款人	全称	河北钢管制造有限公司
	账号	673891901744423		账号	801303160390130
	开户行	承德市建设银行山前大道支行		开户行	石家庄市工商银行建华支行

委托金额	人民币（大写）	壹拾叁万捌仟伍佰贰拾捌元整	千	百	十	万	千	百	十	元	角	分
			¥ 1	3	8	5	2	8	0	0		

款项内容	货款	委托收款凭据名称		附寄单证张数	2

工商银行建华支行
2011.12.03
业务专用章

备注：

付款人注意：
1.应于见票当日通知开户银行划款。
2.如需拒付，应在规定期限内将拒付理由书并付债务证明交退开户行。

业务 7：

12 月 3 日，以银行存款支付前欠唐山众鑫钢铁有限公司货款 280000 元（如表 8-13 所示）。

表 8-13

中国工商银行电子汇款补充报告单   No 06743298

币种：人民币   2011 年 12 月 3 日   流水号：0123478

收款人	全 称	唐山众鑫钢铁有限公司	付款人	全 称	河北钢管制造有限公司
	账 号	746467989884092		账 号	801303160390130
	开户银行	唐山市建设银行环城路支行		开户银行	石家庄市工商银行建华支行

人民币（大写）	贰拾捌万元整	百	十	万	千	百	十	元	角	分
		¥ 2	8	0	0	0	0	0	0	

用 途	预付货款

工商银行建华支行
2011.12.03
付讫

备注：

收款人开户行盖章

业务 8：

12 月 3 日，收到石家庄荣华有限责任公司投入的货币资金额 1000000 元（如表 8-14 所示）。

表 8-14

中国工商银行 进账单（收账通知）

2011 年 12 月 3 日

<table>
<tr><td rowspan="3">出票人</td><td>全　称</td><td>石家庄荣华有限责任公司</td><td rowspan="3">收款人</td><td>全　称</td><td colspan="9">河北钢管制造有限公司</td></tr>
<tr><td>账　号</td><td>736657887476093</td><td>账　号</td><td colspan="9">801303160390130</td></tr>
<tr><td>开户银行</td><td>农行自强路支行</td><td>开户银行</td><td colspan="9">工商银行建华支行</td></tr>
<tr><td rowspan="2">人民币（大写）</td><td rowspan="2" colspan="2">壹佰万元整</td><td></td><td>百</td><td>十</td><td>万</td><td>千</td><td>百</td><td>十</td><td>元</td><td>角</td><td>分</td></tr>
<tr><td></td><td>1</td><td>0</td><td>0</td><td>0</td><td>0</td><td>0</td><td>0</td><td>0</td><td>0</td></tr>
<tr><td>票据种类</td><td>转账支票</td><td>票据张数</td><td>1</td><td colspan="10" rowspan="5"></td></tr>
<tr><td>票据号码</td><td></td><td></td><td></td></tr>
<tr><td colspan="4" rowspan="3"></td></tr>
<tr></tr>
<tr></tr>
<tr><td colspan="4">复核　　　　　记账</td><td colspan="10"></td></tr>
</table>

业务 9：

12 月 3 日，向辽宁恒大钢铁有限公司购入 10#圆钢 280 吨，单价 2330 元，价款 652400 元，增值税进项税额 110908 元，材料尚未到达，款未付（如表 8-15 所示）。

表 8-15

业务 10：

12 月 3 日，收到河北重阳钢材有限公司到期的商业承兑汇票票款 890000 元。

表 8-16

中国工商银行　进账单（收账通知）

2011 年 12 月 3 日

出票人	全　称	河北重阳钢材有限公司	收款人	全　称	河北钢管制造有限公司
	账　号	825748348093287		账　号	801303160390130
	开户银行	农行新华路支行		开户银行	工商银行建华支行

人民币（大写）	捌拾玖万元整	百	十	万	千	百	十	元	角	分
		¥ 8	9	0	0	0	0	0	0

票据种类	转账支票	票据张数	1	
票据号码				工商银行建华支行 2011.12.03 收讫

复核　　记账

业务 11：

12 月 4 日，持有石家庄机械厂的银行承兑汇票到期，票款 50000 元收存银行。

表 8-17

中国工商银行　进账单（收账通知）

2011 年 12 月 4 日

出票人	全　称	石家庄机械厂	收款人	全　称	河北钢管制造有限公司
	账　号	823746462829373		账　号	801303160390130
	开户银行	建行联盟路支行		开户银行	工商银行建华支行

人民币（大写）	伍万元整	百	十	万	千	百	十	元	角	分
			¥ 5	0	0	0	0	0	0

票据种类	转账支票	票据张数	1	
票据号码				工商银行建华支行 2011.12.04 收讫

复核　　记账

业务 12：

12 月 4 日，开出转账支票支付职工上月工资 1037410 元，并结转代扣个人所得税 10550 元，代扣养老保险费 102240 元，代扣医疗保险费 25560 元，代扣失业保险费 12780 元，代扣住房公积金 89460 元（如表 8-18 和表 8-19 所示）。

表 8-18

工 资 结 算 汇 总 表

单位：河北钢管制造有限公司 2011 年 11 月 30 日

部门名称			应付工资	养老 8.00%	医疗 2.00%	失业 1.00%	住房公积金 7.00%	个人所得税	实发工资
生产车间	生产工人	无缝钢管	340000.00	27200.00	6800.00	3400.00	23800.00	3600.00	275200.00
		高压锅炉管	310000.00	24800.00	6200.00	3100.00	21700.00	3100.00	251100.00
	管理人员		120000.00	9600.00	2400.00	1200.00	8400.00	350.00	98050.00
动力车间			130000.00	10400.00	2600.00	1300.00	9100.00	310.00	106290.00
行政管理部门			248000.00	19840.00	4960.00	2480.00	17360.00	2680.00	200680.00
销售部门			130000.00	10400.00	2600.00	1300.00	9100.00	510.00	106090.00
合计			1278000.00	102240.00	25560.00	12780.00	89460.00	10550.00	1037410.00

会计主管：王华　　　　　　　复核：孙艳玲　　　　　　　制表：李静

表 8-19

中国工商银行

　转账支票存根

　Ⅶ Ⅱ 000436601

　　附加信息

工行石家庄办公司 2011 印制

出票日期 2011 年 12 月 4 日

收款人：河北钢管制造有限公司

金　额：￥1037410.00

用　途：发工资

备　注：

单位主管王华　　会计孙艳玲

业务 13:

12 月 4 日，以银行存款支付社会保险费 552096 元（其中个人负担 140580 元）、住房公积金 242820 元（其中个人负担 89460 元）及个人所得税 10550 元（如表 8-20 至表 8-24 所示）。

表 8-20

石家庄市公积金汇缴书

2012 年 12 月 4 日

单位名称	河北钢管制造有限公司			汇缴：2012 年 11 月份						
公积金账号	00788787097			补缴：无						
缴交金额（大写）贰拾肆万贰仟捌佰贰拾元整				百 十 万 千 百 十 元 角 分						
				¥	2	4	2	8	2 0 0 0

上月汇缴		本月增加汇缴		本月减少汇缴		本月汇缴	
人数	金额	人数	金额	人数	金额	人数	金额

工商银行建华支行
¥242820.00
2011.12.04
付讫

付款行	付款账号		支票号码		银行盖章
工行	801303160390130		000436602		

表 8-21

```
中国工商银行

  转账支票存根

  VI II  000436602

    附加信息
  _____
  _____
  _____

  出票日期 2011 年 12 月 4 日
```

收款人：住房公积金管理中心
金　额：¥242820.00
用　途：缴付住房公积金
备　注：
单位主管王华　会计孙艳玲

表 8-22

河北省社会保险费电子缴款回单

填发日期 2011 年 12 月 4 日

缴款单位	代码	3276987209087		收缴国库	河北省国库
	全称	河北钢管制造有限公司		国库账号	643456387238753
	账号	801303160390130		预算级次	区级
	开户银行	工商银行建华支行		国库开户银行	中国银行新华社区支行

款项所属期	2012 年 11 月 1 日至 11 月 30 日		款项缴纳日期	2011 年 12 月 4 日

预算科目	种类	工资总额	缴纳比例	已缴或扣除额	实缴金额
102010	社保费 养老	1278000.00	28%		357840.00
102020	社保费 失业	1278000.00	3%		38340.00
102030	社保费 医疗	1278000.00	10%		127800.00
102040	社保费 工伤	1278000.00	1.5%		19170.00
102050	社保费 生育	1278000.00	0.7%		8946.00
金额合计	人民币伍拾伍万贰仟零玖拾陆元整				￥552096.00

上列款项已核收记入收款单位账户。

扣款日期

银行盖章

表 8-23

中华人民共和国个人所得税专用缴款书

填发日期：2011 年 12 月 4 日　　　　　　　　　　征收机关：石家庄市地方税务局

缴款单位	代码	1452366399	预算科目	编码	
	全称	河北钢管制造有限公司		名称	
	开户银行	工商银行建华支行		级次	
	账号	801303160390130	收缴国库		

税款所属时期 2011 年 11 月 1 日至 11 月 30 日		税款限缴日期 2011 年 12 月 15 日	

名称	计征金额	实缴税额	
个人所得税	10550.00	10550.00	
金额合计（大写）	壹万零伍佰伍拾元整	￥10550.00	
缴款单位（人）盖章	税务机关	上列款项已收妥并转收款单位账户。	

表 8-24

五　险　一　金　计　提　表

单位：河北钢管制造有限公司　　　　　　　　　　　　2011 年 11 月 31 日

部门名称		应付工资	养老	医疗	失业	生育	工伤	住房公积金	合计
			20.00%	8.00%	2.00%	0.70%	1.50%	12.00%	
生产车间	生产工人 无缝钢管	340000.00	68000.00	27200.00	6800.00	2380.00	5100.00	40800.00	150280.00
	生产工人 高压锅炉管	310000.00	62000.00	24800.00	6200.00	2170.00	4650.00	37200.00	137020.00
	管理人员	120000.00	24000.00	9600.00	2400.00	840.00	1800.00	14400.00	53040.00
动力车间		130000.00	26000.00	10400.00	2600.00	910.00	1950.00	15600.00	57460.00
行政管理部门		248000.00	49600.00	19840.00	4960.00	1736.00	3720.00	29760.00	109616.00
销售部门		130000.00	26000.00	10400.00	2600.00	910.00	1950.00	15600.00	57460.00
合计		1278000.00	255600.00	102240.00	25560.00	8946.00	19170.00	153360.00	564876.00

会计主管：王华　　　　　　　　复核：孙艳玲　　　　　　　　制表：李静

业务 14：

12 月 4 日，基本生产车间生产无缝钢管领用 10#圆钢 100 吨、20#圆钢 50 吨（如表 8-25 所示）。

表 8-25

领　料　单

领料单位：基本生产车间　　　　　　　　　　　　　　　　　编号：003

用　途：生产无缝钢管　　　　　　2011 年 12 月 4 日　　　　仓库：1 号仓库

材料编号	材料名称	规格	单位	数量		单价	金额
				请领	实发		
	10#圆钢	10#	吨	100	100		
	20#圆钢	20#	吨	50	50		

领料部门负责人：　　　　　　　领料人：张丹　　　　　　　发料人：刘宁

不用做记账凭证，只登记原材料明细账，月末编制发出材料汇总表，再根据发出材料汇总表编制记账凭证。

业务 15：

12 月 4 日，行政管理部门从石家庄太和电子有限公司购买一批电脑 70000 元和打印机 28000 元，增值税进项税额 16660 元，开出转账支票一张支付款项（如表 8-26 至表 8-28 所示）。

表 8-26

887453237 河北增值税专用发票 No 39873778

开票日期：2011 年 12 月 04 日

购货单位	名　　称：河北钢管制造有限公司						密码区	9-673245<19458<38455504851 985/3759447988*7>+>-2456//65 >*8635374567-7<8*87453/+<4 67-3001152-/>93872442>>9253-		
	纳税人识别号：130685974321167									
	地 址、电 话：石家庄市北二环东路 56 号 87680688									
	开户行及账号：工商银行建华支行 801303160390130									
货物或应税劳务名	规格型号	单位	数量	单价	金额	税率	税额			
电脑		台	8	8750	70000.00	17%	11900.00			
打印机		台	1	28000	28000.00	17%	4760.00			
合计					￥98000.00		￥16660.00			
价税合计（大写）：壹拾壹万肆仟陆佰陆拾元整							￥114660.00			
销货单位	名　　称：石家庄太和电子有限公司						备注			
	纳税人识别号：608269013080192									
	地 址、电 话：石家庄市友谊大街 89 号 38736830									
	开户行及账号：建行友谊大街支行 983476393022274									

收款人：　　　　复核：　　　　开票人：张梅英　　　　销货单位：（章）

第二联：发票联　购货方记账凭证

表 8-27

中国工商银行

　转账支票存根

　VI II 000436603

　　附加信息

_____

_____

_____

出票日期 2011 年 12 月 4 日

收款人：石家庄太和电子有限公司
金　额：￥114660.00
用　途：货款
备　注：

　　单位主管王华　　会计孙艳玲

工行石家庄分公司 2011 印制

表 8-28

固定资产验收单　　　　　　　　　　　　　　No. 00001

2011 年 12 月 4 日　　　　　　　　　　　　　金额单位：元

资产编号	资产名称	型号规格或结构面积	计算单位	数量	设备价值或工程造价	设备基础及安装费用	附加费用	合计
	电脑		台	8		70000.00		￥70000.00
	打印机		台	1		28000.00		￥28000.00
资产来源		外购	使用年限	5	主要附属设备	1.		
制造厂商			估计残值	1000.00		2.		
制造日期及编号			基本折旧率			3.		
工程项目或使用部门		管理部门	其他			4.		

接管部门：管理部门　　　　　　　主管：　　　　　　　　　　　　接管人：刘江海

业务 16：

12 月 5 日，向廊坊中央空调有限责任公司销售无缝钢管 23 吨，单价 6200 元，价款 142600 元，增值税销项税额 24242 元，代垫运费 6700 元。货已发出，款项尚未收到。

表 8-29

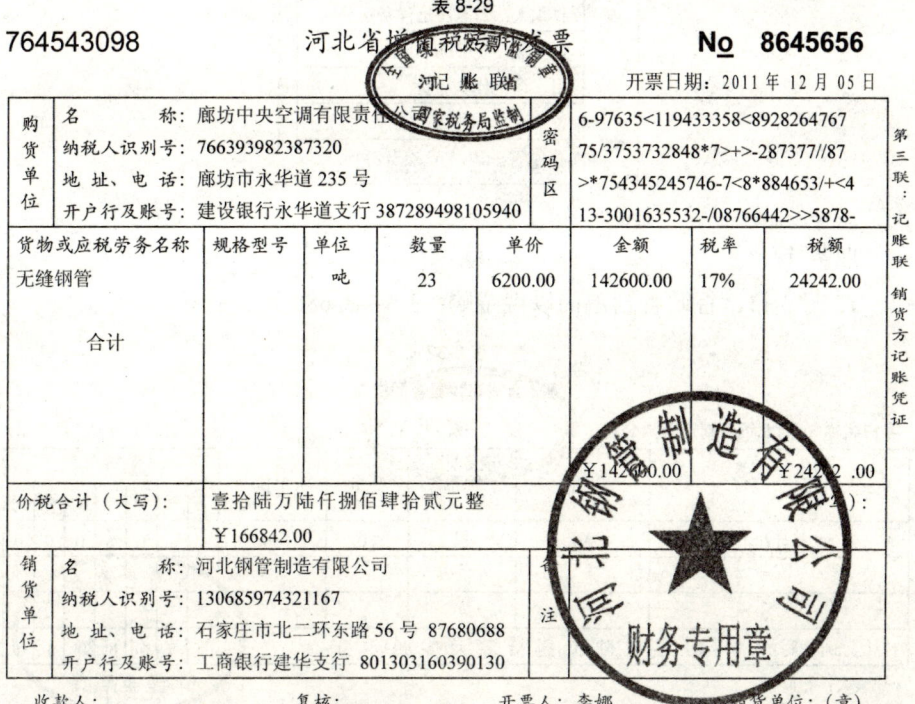

764543098　　　　　河北省增值税专用发票　　　No　8645656

开票日期：2011 年 12 月 05 日

购货单位	名　称：廊坊中央空调有限责任公司 纳税人识别号：766393982387320 地址、电话：廊坊市永华道 235 号 开户行及账号：建设银行永华道支行 387289498105940	密码区	6-97635<119433358<8928264767 75/3753732848*7>+>-287377//87 >*754345245746-7<8*884653/+<4 13-3001635532-/08766442>>5878-
货物或应税劳务名称	规格型号	单位	数量	单价	金额	税率	税额

货物或应税劳务名称	规格型号	单位	数量	单价	金额	税率	税额
无缝钢管		吨	23	6200.00	142600.00	17%	24242.00
合计					￥142600.00		￥24242.00

价税合计（大写）：	壹拾陆万陆仟捌佰肆拾贰元整　　￥166842.00

销货单位	名　称：河北钢管制造有限公司 纳税人识别号：130685974321167 地址、电话：石家庄市北二环东路 56 号　87680688 开户行及账号：工商银行建华支行　801303160390130	备注

收款人：　　　　复核：　　　　开票人：李娜　　　　销货单位：（章）

第三联：记账联　销货方记账凭证

表 8-30

产　成　品　出　库　单

2011 年 12 月 5 日　　　　No　00002

产品名称	型号规格	单位	出库数量	单价	金额	备注
无缝钢管		吨	23			

记账：孙艳玲　　　保管：刘宁　　　检验：　　　制单：李静

表 8-31

工行石家庄分公司 2011 印制

中国工商银行
转账支票存根
VI II　000436604

附加信息

出票日期 2011 年 12 月 5 日

收款人：	石家庄远洋货运公司
金　额：	￥6700.00
用　途：	代垫运费
备　注：	

单位主管王华　　　会计孙艳玲

业务 17：

12 月 5 日，行政管理部门以现金购买打印纸 680 元。

表 8-32

河北省货物销售普通发票

发　票　联

客户名称　：河北钢管制造有限公司　　　　2011 年 12 月 5 日

品　名	规格	单位	数量	单价	金额 万	千	百	十	元	角	分
打印纸	A4	包	20	34			6	8	0	0	0
合计金额(大写):	零 万 零 仟 陆 佰 捌 拾 零 元 零 角 零 分					￥	6	8	0	0	0

开票人：崔晓西

业务 18：

12 月 5 日，向唐山东方钢铁有限公司购入 20#圆钢 60 吨，单价 2700 元，价款 162000，增值税进项税额 27540 元，材料已验收入库，款未付（如表 8-23 和表 8-34 所示）。

表 8-33

河北省增值税专用发票

7466330298386　　　　　　　　　　　　　　　No 86362745

发票联

开票日期：2011 年 12 月 05 日

购货单位	名　　称：	河北钢管制造有限公司				密码区	8-65745<1837368<384554851		
	纳税人识别号：	130685974321167					85/37507937638*7>+>-245//65		
	地址、电话：	石家庄市北二环东路 56 号 87680688					>*8574524567-7<8*87453/+<4		
	开户行及账号：	工商银行建华支行 801303160390130					56-983776152-/>714842>>5568-		

货物或应税劳务名称	规格型号	单位	数量	单价	金额	税率	税额
圆钢	20#	吨	50	3240.00	162000.00	17%	27540.00
合计					￥162000.00		￥27540.00

价税合计（大写）：	壹拾捌万玖仟伍佰肆拾元整	（小写）￥189540.00

销货单位	名　　称：	唐山东方钢铁有限公司	备注
	纳税人识别号：	876269899876464	
	地址、电话：	唐山市大庆道 1 号 98474873	
	开户行及账号：	工行大庆道支行 117018098767912	

收款人：　　　　复核：　　　　开票人：刘英英　　　　销货单位：（章）

表 8-34

收　料　单

供应单位：唐山东方钢铁有限公司　　　　　　　　　　　第 002 号

发票号码：86362745　　　　　2011 年 12 月 5 日　　　　收料仓库：1 号仓库

材料编号	材料名称	规格	单位	数量		实际价格			
				应收	实收	单价	发票金额	运杂费	合计
	20#圆钢	20#	吨	50	50	3240	162000	0	162000
合　计									

仓库负责人：　　　　　　经办人：　　　　　　收料人：刘宁

业务 19：

12 月 6 日，基本生产车间生产高压锅炉管领用 10#圆钢 120 吨，20#圆钢 60 吨（如表 8-35 所示）。

表 8-35

领 料 单

领料单位：基本生产车间 　　　　　　　　　　　　　　　　　　　　　　编号：004

用　途：高压锅炉管　　　　　　　　2011 年 12 月 6 日　　　　　　仓库：1 号仓库

材料编号	材料名称	规格	单位	数　量		单价	金额
				请领	实发		
	10#圆钢	10#	吨	120	120		
	20#圆钢	20#	吨	60	60		

领料部门负责人：　　　　　　　　领料人：张小梅　　　　　　　　发料人：刘宁

不用做记账凭证，只登记原材料明细账，月末编制发出材料汇总表，再根据发出材料汇总表编制记账凭证。

业务 20：

12 月 5 日，交纳上月增值税 58900 元，城市维护建设税 4123 元，教育费附加 1767 元（如表 8-36 和表 8-37 所示）。

表 8-36

中华人民共和国增值税专用缴款书

填发日期：2011 年 12 月 5 日　　　　　　　　　　征收机关：石家庄市国家税务局

缴款单位	代码	876329893092		预算科目	编码	
	全称	河北钢管制造有限公司			名称	
	开户银行	工商银行建华支行			级次	
	账号	801303160390130		收款国库		

税款所属时期 2011 年 11 月 1 日至 11 月 30 日　　　税款限缴日期 2011 年 12 月 15 日

名称	税率金额	税率	销项税额	进项税额	已交	实缴税额
增值税		17%	588900	330000		58900.00
金额合计（大写） 伍万捌仟玖佰元整						￥58900.00
缴款单位（人）盖章	税务机关盖章		上列款项已收妥并划转收款单位账户。			

表 8-37

中华人民共和国地方税费专用缴款书

填发日期：2011 年 12 月 5 日　　　　　　　　征收机关：石家庄市地方税务局

缴款单位	代码	1452366399	预算科目	编码	
	全称	河北钢管制造有限公司		名称	
	开户银行	工商银行建华支行		级次	
	账号	801303160390130	收款国库		

税款所属时期 2011 年 11 月 1 日至 11 月 30 日		税款限缴日期 2011 年 12 月 15 日	
名称	计征金额	征收率	实缴税额
城市维护建设税	62900	7%	4123
教育费附加	58900	3%	1767
金额合计（大写）	伍仟捌佰玖拾元整		5 890.00
缴款单位（人）	税务机关　　　盖	上列款项已收妥并已转收款单位账户	

业务 21：

12 月 6 日，用转账支票支付河北冀联印刷厂印刷宣传彩页费 2600 元（如表 8-38 和表 8-39 所示）。

表 8-38

中国工商银行

　转账支票存根

　Ⅶ Ⅱ　000436605

　　附加信息 _____

_____

_____

　　出票日期 2011 年 12 月 6 日

收款人：河北冀联印刷厂
金　额：￥2600.00
用　途：印刷费
备　注：
单位主管王华　　　会计孙艳玲

（竖排：工行石家庄分公司 2011 印制）

表 8-39

河北省货物销售普通发票

客户名称：河北钢管制造有限公司

2011 年 12 月 6 日

品　名	规格	单位	数量	单价	金　额						
					万	千	百	十	元	角	分
印刷费						2	6	0	0	0	0

合计金额(大写)：零万贰仟陆佰零拾零元零角零分

开票人：张树森

业务 22：

12 月 6 日，向辽宁恒大钢铁有限公司购入 10#圆钢 280 吨验收入库（如表 8-40 所示）。

表 8-40

收　料　单

供应单位：辽宁恒大钢铁有限公司

第 003 号

发票号码：97585548　　　　2011 年 12 月 6 日　　　　收料仓库：1 号仓库

材料编号	材料名称	规格	单位	数量		实际价格			
				应收	实收	单价	发票金额	运杂费	合计
	10#圆钢	10#	吨	280	280	2330	652400	0	652400
合　计									

仓库负责人：　　　　　　　经办人：　　　　　　　　　　收料人：刘宁

业务 23：

12 月 6 日，预收石家庄华宇机械厂购货款 500000 元（如表 8-41 所示）。

表 8-41

中国工商银行 进账单（收账通知）

2011 年 12 月 6 日

出票人	全 称	石家庄华宇机械厂		收款人	全 称	河北钢管制造有限公司								
	账 号	755843099887576			账 号	801303160390130								
	开户银行	建行北二环支行			开户银行	工商银行建华支行								
人民币（大写）		伍拾万元整				百	十	万	千	百	十	元	角	分
						¥ 5	0	0	0	0	0	0	0	0
票据种类	转账支票	票据张数	1											
票据号码														
		复核	记账											

工商银行建华支行 2011.12.06 收讫

业务 24：

12 月 7 日，收到承德泰华锅炉制造厂的货款（如表 8-42 所示）。

表 8-42

委 托 收 款 凭 证（收款通知）

委托日期 2011 年 12 月 03 日

付款人	全称	承德泰华锅炉制造厂		收款人	全称	河北钢管制造有限公司									
	账号	673891901744423			账号	801303160390130									
	开户行	承德市建设银行山前大道支行			开户行	石家庄市工商银行建华支行									
委托金额	人民币（大写）	壹拾叁万捌仟伍佰贰拾捌元整				千	百	十	万	千	百	十	元	角	分
							¥ 1	3	8	5	2	8	0	0
款项内容	货款		委托收款凭据名称			附寄单						2			
备注：			付款人注意： 1.应于见票当日通知开户银行划款 2.如需拒付，应在规定期限内将拒付理由书并付债务证明交退开户行。												

工商银行建华支行 2011.12.07 收讫

业务25：

12月8日，支付车间固定资产维修费3276元（如表8-43和表8-44所示）。

表8-43

中国工商银行

转账支票存根

Ⅶ Ⅱ 000436606

附加信息

_____

_____

_____

出票日期2011年12月8日

收款人：石家庄机械维修公司
金　额：￥3276.00
用　途：维修费
备　注：

单位主管王华　　会计孙艳玲

工行石家庄办公司2011印制

表8-44

476363287　　　　河北省增值税专用发票　　　　No 83737674

发票联

开票日期：2011年12月08日

购货单位	名　　称：河北钢管制造有限公司					密码区	3-65745<1837368<384554851 91/37764537638*7>+>-245//65 >*8574524567-7<8*87453/+<4 87-983776152-/>714842>>7540-	
	纳税人识别号：130685974321167							
	地址、电话：石家庄市北二环东路56号 87680688							
	开户行及账号：工商银行建华支行 801303160390130							
货物或应税劳务名称	规格型号	单位	数量	单价	金额	税率	税额	
修理费				2800.00	2800.00	17%	476.00	
合计					￥2800.00		￥476.00	
价税合计（大写）　　叁仟贰佰柒拾陆元整						（小写）￥3276.00		
销货单位	名　　称：石家庄机械维修公司					备注		
	纳税人识别号：884545657091176							
	地址、电话：石家庄市中山西路389号 84676298							
	开户行及账号：工行中山支行 873763276278276							

收款人：　　　　复核：　　　　开票人：孙建华　　　　财务专用章销货单位：（章）

第二联：发票联 购货方记账凭证

业务 26：

12 月 8 日，以银行存款预付首都钢铁厂购料款 400000 元（如表 8-45 所示）。

表 8-45

中国工商银行　电汇凭证（回单）

委托日期 2011 年 12 月 8 日

汇款人	全　称	河北钢管制造有限公司	收款人	全　称	首都钢铁厂										此联是汇出行给汇款人的回单
	账　号	801303160390130		账　号	898739874632568										
	汇出地点	石家庄市		汇入地点	北京市										
汇出行名称		工商银行建华支行	汇入行名称		北京市农行六环北路支行										
金额	人民币（大写）	肆拾万元整				千	百	十	万	千	百	十	元	角	分
					¥								0	0	0
附加信息及用途：预付货款															
			汇出行盖章												
单位主管　　会计师　　复核　　记账				2010 年月 12 月 8 日											

（盖章：工商银行建华支行 2011.12.08 付讫）

业务 27：

12 月 8 日，提取现金 3000 元备用（如表 8-46 所示）。

表 8-46

中国工商银行
现金支票存根
VI000493775

附加信息

_____

_____

出票日期 2011 年 12 月 20 日

收款人：河北钢管制造有限公司
金　额：￥3000.00
用　途：备用金
备　注：
单位主管王华　　会计孙艳玲

（竖排：工行石家庄分公司 2011 印制）

业务 28：

12 月 8 日，用现金支付河北万信会计师事务所审计费 800 元（如表 8-47 所示）。

表 8-47

河北省服务业专用发票

发票联

河北省

付款单位：河北钢管制造有限公司

No.007869

服务项目	单位	数量	单价	金 额(人民币)							
				百	十	万	千	百	十	元	角	分
审计费							8	0	0	0	0
金额合计（小写）￥800.00						￥	8	0	0	0	0
金额合计（大写）捌佰元整											

收款单位：（盖章）

26779013080192

发票专用章

收款人：王雨佳

业务 29：

12 月 9 日，向石家庄华宇机械厂销售无缝钢管 100 吨，单价 6300 元，价款 630000，增值税销项税额 107100 元，货已发出，款项未收到（如表 8-48 和表 8-49 所示）。

表 8-48

987769899 河北省增值税专用发票 No 8645657

记账联

开票日期：2011 年 12 月 09 日

购货单位	名　称：石家庄华宇机械厂 纳税人识别号：2598450943454509 地址、电话：石家庄市长江大道 245 号 89882990 开户行及账号：建设长江大道支行 287587572092298	密码区	9-776326<119433358<853435048 95/37579848*7>+>-72525387//85 >8742355245746-7<8*884653/+<4 89-3001635532-/08766442>>58988-
货物或应税劳务名称	规格型号	单位	数量	单价	金额	税率	税额
无缝钢管		吨	100	6300.00	630000.00	17%	107100.00
合计					￥630000.00		￥107100.00
价税合计（大写）：柒拾叁万柒仟壹佰元整					（小写）：￥737100.00		
销货单位	名　称：河北钢管制造有限公司 纳税人识别号：130685974321167 地址、电话：石家庄市北二环东路 56 号 87680688 开户行及账号：工商银行建华支行 801303160390139	备注	钢管制造有限公司 财务专用章
收款人：	复核：	开票人：张苗	单位：（章）

第三联：记账联 销货方记账凭证

表 8-49

产 成 品 出 库 单

2011 年 12 月 9 日　　　　　　　　　　　　　　　　No　00003

产品名称	型号规格	单位	出库数量	单价	金额	备注
无缝钢管		吨	100			

记账：孙艳玲　　　　　　　保管：刘宁　　　　　　　检验：　　　　　　　　制单：李静

业务 30：

12 月 9 日，基本生产车间生产无缝钢管领用 10#圆钢 90 吨、20#圆钢 30 吨；生产高压锅炉管领用 10#圆钢 80 吨、20#圆钢 30 吨（如表 8-50 和表 8-51 所示）。

表 8-50

领　料　单

领料单位：基本生产车间　　　　　　　　　　　　　　　　　　　　编号：005
用　　途：生产无缝钢管　　　　　2011 年 12 月 9 日　　　　　仓库：1 号仓库

材料编号	材料名称	规格	单位	数量		单价	金额
				请领	实发		
	10#圆钢	10#	吨	90	90		
	20#圆钢	20#	吨	30	30		

领料部门负责人：　　　　　　　　　领料人：张丹　　　　　　　　发料人：刘宁

表 8-51

领　料　单

领料单位：基本生产车间　　　　　　　　　　　　　　　　　　　　编号：006
用　　途：高压锅炉管　　　　　　2011 年 12 月 9 日　　　　　仓库：1 号仓库

材料编号	材料名称	规格	单位	数量		单价	金额
				请领	实发		
	10#圆钢	10#	吨	80	80		
	20#圆钢	20#	吨	30	30		

领料部门负责人：　　　　　　　　　领料人：张小梅　　　　　　　发料人：

不用做记账凭证，只登记原材料明细账，月末编制发出材料汇总表，再根据发出材料汇总表编制记账凭证。

业务 31：

12 月 10 日，行政管理部门报销业务招待费 1800 元（如表 8-52 所示）。

表 8-52

河北省餐饮服务业专用发票

付款单位：河北钢管制造有限公司　　　　　　　　　　　　　　　　　　No. 083736

服务项目	单位	数量	单价	金 额(人民币)							
				百	十	万	千	百	十	元	角	分
餐费							1	8	0	0	0	0
金额合计（小写）¥1800.00						￥	1	8	0	0	0	0
金额合计（大写）壹仟捌佰元整											

收款单位：6710022180192　　　　　　　　　　　　　　　　　　收款人：王晓

业务 32：

12 月 10 日，按规定对库存现金进行盘点，现金短缺 100 元（如表 8-53 所示）。

表 8-53

库 存 现 金 盘 点 表

单位：河北钢管制造有限公司　　　　　　　　盘点日期：2011 年 12 月 10 日

票面额	张数	金 额	票面额	张数	金 额
壹佰元	20	2,000.00	伍 角		
伍拾元	10	500.00	贰 角		
贰拾元	20	400.00	壹 角		
拾 元	8	80.00	伍 分		
伍 元			贰 分		
贰 元			壹 分		
壹 元			合 计		2980.00
实存数：					2980.00
现金日记账面余额：					3080.00
差额					100

业务 33：

12 月 11 日，现金短缺系出纳工作失误，由出纳负责赔偿（如表 8-54 所示）。

表 8-54

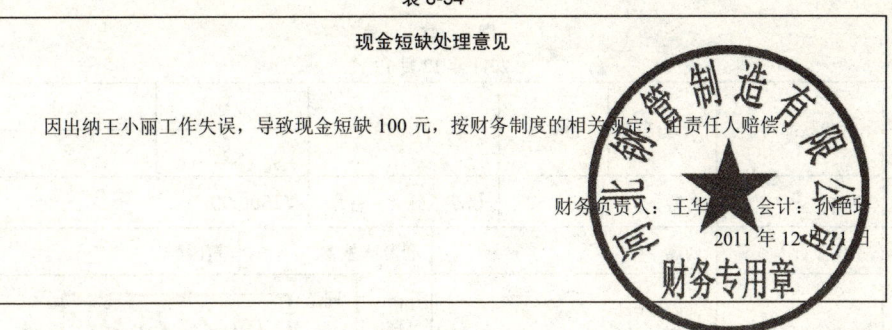

现金短缺处理意见

因出纳王小丽工作失误，导致现金短缺 100 元，按财务制度的相关规定，由责任人赔偿。

财务负责人：王华　　会计：孙艳玲

2011 年 12 月 11 日

财务专用章

业务 34：

12 月 12 日，提取现金 3000 元备用（如表 8-55 所示）。

表 8-55

中国工商银行

现金支票存根

VI 000493776

附加信息

出票日期 2011 年 12 月 12 日

收款人：河北钢管制造有限公司
金　额：￥3000.00
用　途：备用金
备　注：

单位主管王华　　会计孙艳玲

（竖排：工行石家庄办公司 2011 印制）

业务 35：

12 月 12 日，职工贾国辉预借差旅费 1500 元（如表 8-56 所示）。

表 8-56

借　款　单

2011 年 12 月 12 日

借款部门	管理部门	借款人	贾国辉	出差地点	承德
				天数	5
事由	考察	借款金额（大写）	¥1500.00		
单位负责人签署	同意		借款人签章	贾国辉	
授权人批示	同意	审核意见	同意　**现金付讫**		

单位负责人：杨龙飞　　　　　　部门负责人：杜威勇　　　　　　出纳：王小丽

业务 36：

12 月 13 日，报销职工继续教育培训费 900 元（如表 8-57 所示）。

表 8-57

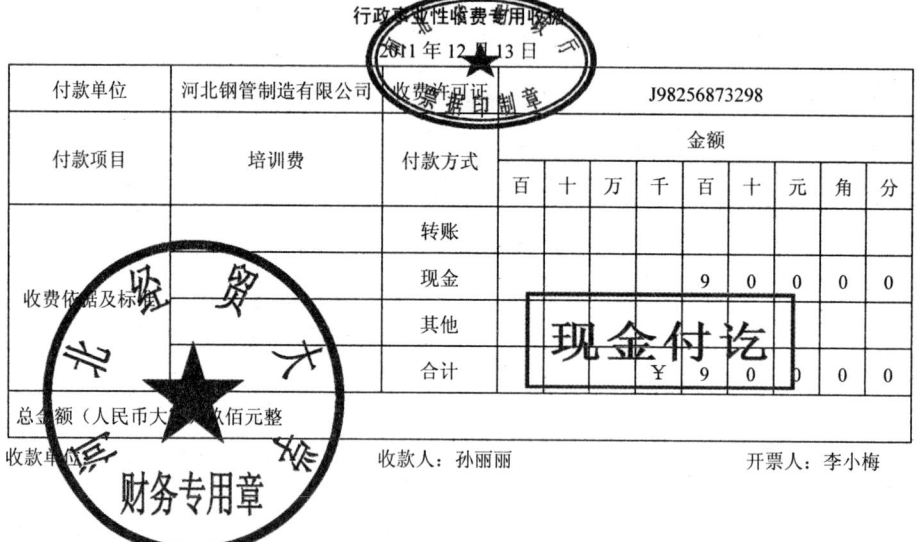

行政事业性收费专用收据

2011 年 12 月 13 日

付款单位	河北钢管制造有限公司	收费许可证		J98256873298								
付款项目	培训费	付款方式		金额								
				百	十	万	千	百	十	元	角	分
		转账										
收费依据及标准		现金						9	0	0	0	0
		其他		**现金付讫**								
		合计					¥	9	0	0	0	0
总金额（人民币大写）玖佰元整												
收款单位		收款人：孙丽丽				开票人：李小梅						

业务 37：

12 月 14 日，以预付款购入首都钢铁厂 20# 圆钢 150 吨，单价 2600 元，金额 390000 元，增值税进项税额 66300 元，材料到达并验收入库，余款通过网上银行进行支付（如表 8-58 至表 8-60 所示）。

表 8-58

982292929　　北京市增值税专用发票　　**No 92827288**

发北 票京联市

开票日期：2011 年 12 月 14 日

购货单位	名　　称：	河北钢管制造有限公司				8-65745<1837368<384554851
	纳税人识别号：	130685974321167				85/37507937638*7>+>-245//65
	地　址、电　话：	石家庄市北二环东路 56 号　87680688				>*8574524567-7<8*87453/+<4
	开户行及账号：	工商银行建华支行　801303160390130				56-983776152-/>714842>>5568-

货物或应税劳务名称	规格型号	单位	数量	单价	金额	税率	税额
圆钢	20#	吨	150	2600.00	390000.00	17%	66300.00
合计					￥390000.00		￥66300.00

价税合计（大写）：	肆拾伍万陆仟叁佰元整元整		（小写）￥456300.00

销货单位	名　　称：	首都钢铁厂	备注	
	纳税人识别号：	927571532909320		
	地　址、电　话：	北京市六环北路 654 号　83737989		
	开户行及账号：	农行六环北路支行 898739874632568		

收款人：　　　复核：　　　开票人：刘英英　　　销货单位：（章）

财务专用章

第二联：发票联　购货方记账凭证

表 8-59

收　料　单

供应单位：首都钢铁厂　　　　　　　　　　　　　　　　　　　第 004 号

发票号码：92827288　　　　　　2011 年 12 月 14 日　　　　　收料仓库：1 号仓库

材料编号	材料名称	规格	单位	数量		实际价格			
				应收	实收	单价	发票金额	运杂费	合计
	20#圆钢	20#	吨	150	150	2600	390000	0	390000
合　计									

仓库负责人：　　　　　　经办人：　　　　　　收料人：刘宁

表 8-60

中国工商银行 网上银行电子回单

业务类型：网银汇款回单		2011 年 12 月 14 日				
付款方	账 号	801303160390130	收款方	账 号	898739874632568
	全 称	河北钢管制造有限公司		全 称	首都钢铁厂
	开户银行	石家庄市工商银行建华支行		开户银行	北京市农行六环北路支行
	行 号	4589		行 号	8926
金 额		RMB：¥56300.00			
		人民币（大写）：伍万陆仟叁佰元整			
流水号		874349832097	验证码		2989
摘要		网银转账			

业务 38：

12 月 14 日，基本生产车间生产无缝钢管领用 10#圆钢 70 吨、20#圆钢 20 吨，领用抗磨液压油 4 桶、黄油 2 桶（如表 8-61 所示）。

表 8-61

领 料 单

领料单位：基本生产车间　　　　　　　　　　　　　　　　　　　　　　编号：007

用　途：无缝钢管　　　　　　　2011 年 12 月 14 日　　　　　　　仓库：1 号仓库

材料编号	材料名称	规格	单位	数　量		单价	金额
				请领	实发		
	10#圆钢	10#	吨	70	70		
	20#圆钢	20#	吨	20	20		
	抗磨液压油		桶	4	4		
	黄油		桶	2	2		

领料部门负责人：　　　　　　　领料人：张丹　　　　　　　发料人：刘宁

不用做记账凭证，只登记原材料明细账，月末编制发出材料汇总表，再根据发出材料汇总表编制记账凭证。

业务 39：

12 月 14 日，职工贾国辉出差回来报销差旅费 1360 元，余款退回（如表 8-62 所示）。

表 8-62

差 旅 费 报 销 单

2011 年 12 月 14 日

服务部门	行政管理部门		姓名	贾国辉	出差天数	自 12 月 12 日至 12 月 14 日共 3 天		
出差事由	考察				预借差旅费金额	￥1500.00	结余￥140.00	
					结算金额	￥1360.00		
出发		到达		起始地点	交通费	住宿费	餐费	其他	合计
月	日	月	日						
12	12	12	14	石家庄—唐山	380	400	300	280	1360
					现金付讫				
合　计				零万壹仟叁佰陆拾零元零角零分					

主管：　　　　　会计：孙艳玲　　　　　出纳：王小丽　　　　　报销人：贾国辉

业务 40：

12 月 15 日，基本生产领用工作服 80 套（如表 8-63 和表 8-64 所示）。

表 8-63

领 料 单

领料单位：基本生产车间　　　　　　　　　　　　　　　　　　编号：008
用　途：生产无缝钢管　　　　2011 年 12 月 15 日　　　　仓库：1 号仓库

材料编号	材料名称	规格	单位	数　量		单价	金额
				请领	实发		
	工作服		套	50	50		

领料部门负责人：　　　　　领料人：张宇林　　　　　发料人：刘宁

表 8-64

领 料 单

领料单位：基本生产车间　　　　　　　　　　　　　　　　　　编号：009
用　途：生产高压锅炉管　　　2011 年 12 月 15 日　　　　仓库：1 号仓库

材料编号	材料名称	规格	单位	数　量		单价	金额
				请领	实发		
	工作服		套	30	30		

领料部门负责人：　　　　　领料人：张宇林　　　　　发料人：刘宁

不用做记账凭证，只登记原材料明细账，月末编制发出材料汇总表，再根据发出材料汇总表编制记账凭证。

业务 41：

12 月 16 日，以银行存款支付石家庄方周律师事务所法律咨询费 5000 元（如表 8-65 和表 8-66 所示）。

表 8-65

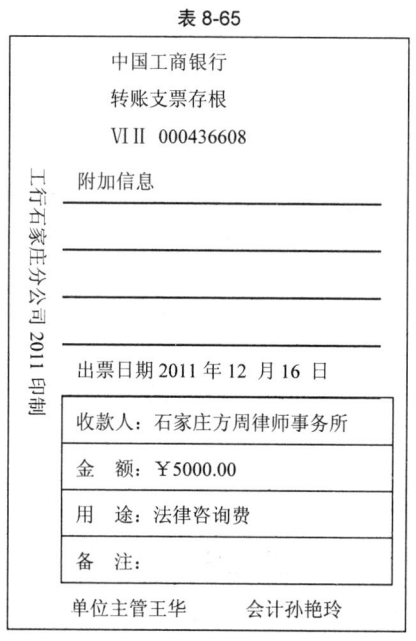

中国工商银行

转账支票存根

VI II 000436608

工行石家庄分公司 2011 印制

附加信息

出票日期 2011 年 12 月 16 日

收款人：	石家庄方周律师事务所
金　额：	￥5000.00
用　途：	法律咨询费
备　注：	

单位主管王华　　　会计孙艳玲

表 8-66

石家庄市服务业统一发票

2011 年 12 月 16 日

单位：河北钢管制造有限公司　　　No 99877

项目	规格	单位	数量	金额								备注
				十	万	千	百	十	元	角	分	
法律咨询费						5	0	0	0	0	0	
合计					￥	5	0	0	0	[illegible]	0	
金额（大写）：伍仟元整												

第二联　报销凭证

开票人：刘丽　　　单位盖章

全国统一发票监制章 河北省地方税务局监制

石家庄方周律师事务所 237711867898886 发票专用章

业务 42：

12 月 16 日，收到石家庄华宇机械厂补付的货款（如表 8-67 所示）。

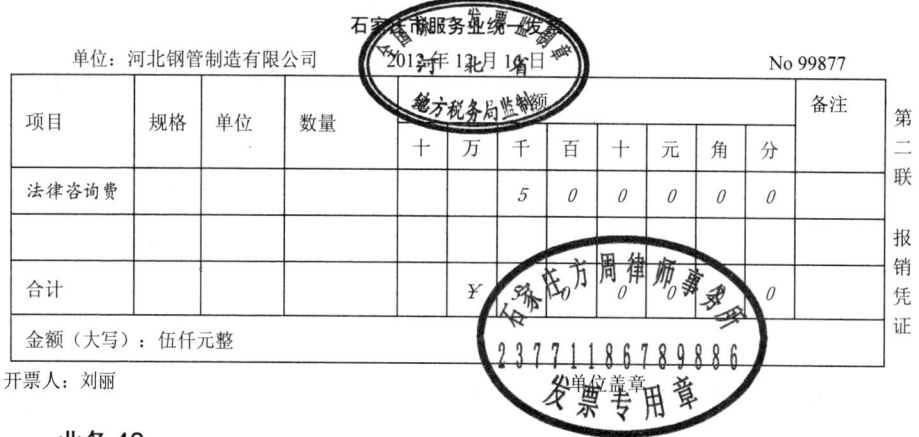

表 8-67

中国工商银行　进账单（收账通知）

2011 年 12 月 16 日

出票人	全　称	石家庄华宇机械厂	收款人	全　称	河北钢管制造有限公司
	账　号	755843099887576		账　号	801303160390130
	开户银行	建行北二环支行		开户银行	工商银行建华支行

人民币（大写）	贰拾叁万柒仟壹佰元整	百	十	万	千	百	十	元	角	分
		¥	2	3	7	1	0	0	0	0

票据种类	转账支票	票据张数	1	
票据号码				

复核　　　　记账

工商银行建华支行
2011.12.16
收　讫

业务 43：

12 月 17 日，开出银行承兑汇票一张，支付前欠辽宁恒大钢铁有限公司货款 763308 元（如表 8-68 所示）。

表 8-68

中国工商银行银行承兑汇票

出票日期贰零壹壹年壹拾贰月壹拾柒日　　　　　　　No　03022011

付票人	全　称	河北钢管制造有限公司	收款人	全　称	辽宁恒大钢铁有限公司	此联签发人存查
	账　号	801303160390130		账　号	436984000010292	
	开户银行	工商银行建华支行		开户银行	建行和平区支行	

出票金额	人民币（大写）柒拾陆万叁仟叁佰零捌元整	亿	千	百	十	万	千	百	十	元	角	分
					¥	7	6	3	3	0	8	0	0

汇票到期日：贰零壹贰年叁月壹拾柒日

本汇票已经承兑到期无条件付款

出票人签章

2011 年 12 月 17 日

本汇票已承兑到期日由
本行付款
承兑行签章
承兑日：2011 年 12 月 17 日

备注：

承兑协议编号

工商银行建华支行
2011.12.17
业务专用章

科目（借）
对方科目（贷）
转账　　年　月　日
复核　　记账

河北钢管制造有限公司
财务专用章

业务 44：

12 月 18 日，开出转账支票支付河北传媒有限公司广告费 35000 元（如表 8-69 和表 7-70 所示）。

表 8-69

中国工商银行

转账支票存根

ⅦⅡ 000436609

附加信息 _____

_____

_____

出票日期 2011 年 12 月 18 日

收款人：河北传媒有限公司
金　额：￥35000.00
用　途：广告费
备　注：

单位主管王华　　会计孙艳玲

工行石家庄分公司 2011 印制

表 8-70

单位：河北钢管制造有限公司　　河北省广告业统一发票　　2011 年 12 月 18 日　　No 00021

项目	规格	单位	数量	金额							备注
				十万	万	千	百	十	元	角	分	
广告费					3	5	0	0	0	0	0	
合计				￥	3	5	0	0	0	0	0	

金额（大写）：叁万伍仟元整

开票人：刘丽

第二联　报销凭证

99081186789886　　发票专用章

业务 45：

12 月 19 日，基本生产车间生产高压锅炉管领用 10#圆钢 150 吨、20#圆钢 70；机修车间领用黄油 1 桶（如表 8-71 和表 8-72 所示）。

表 8-71

领　料　单

领料单位：基本生产车间　　　　　　　　　　　　　　　　　　　　　　　　编号：010
用　　途：高压锅炉管　　　　　　　　2011 年 12 月 19 日　　　　　　　　仓库：1 号仓库

材料编号	材料名称	规格	单位	数量		单价	金额
				请领	实发		
	10#圆钢	10#	吨	150	150		
	20#圆钢	20#	吨	70	70		

领料部门负责人：　　　　　　　　　领料人：张宇林　　　　　　　　　　发料人：刘宁

表 8-72

领　料　单

领料单位：机修车间　　　　　　　　　　　　　　　　　　　　　　　　　编号：011
用　　途：维修　　　　　　　　　　　2011 年 12 月 19 日　　　　　　　　仓库：1 号仓库

材料编号	材料名称	规格	单位	数量		单价	金额
				请领	实发		
	黄油		桶	1	1		

领料部门负责人：　　　　　　　　　领料人：张宇林　　　　　　　　　　发料人：刘宁

　　不用做记账凭证，只登记原材料明细账，月末编制发出材料汇总表，再根据发出材料汇总表编制记账凭证。

业务 46：

12 月 19 日，以现金购买印花税票 530 元（如表 8-73 所示）。

表 8-73

河北省税务局印花税票报销专用凭证

购买单位：河北钢管制造有限公司　　　2012 年 12 月 19 日　　　No　945509

印花税票面值	单位	数量	十	万	千	百	十	元	角	分	备注
壹元	枚										
贰元	枚	15				3	0	0	0		
伍元	枚	20			1	0	0	0	0		
壹拾元	枚				2	0	0	0	0		
伍拾元	枚	2			1	0	0	0	0		
壹佰元	枚	1			1	0	0	0	0		
人民币（大写）伍佰叁拾元整				￥	5	3	0	0	0		

经办单位（章）　　　　　　　　　　　　　　　　经办人：杨小平

业务 47：

12 月 20 日，完工产品验收入库（如表 8-74 所示）。

表 8-74

产 成 品 入 库 单

单位：河北钢管制造有限公司　　　　　2011 年 12 月 20 日

编号	名称	规格	单位	入库数量	单位成本	总成本	备注
	无缝钢管		吨	300			
	高压锅炉管		吨	350			
合　计						4431174	

会计主管：王华　　　复核：孙艳玲　　　制表：李静　　　库管：刘宁

不需做账务处理，只登记库存商品明细账，月末用约当产量法计算完工产品成本。

业务 48：

12 月 20 日，向承德泰华锅炉制造厂销售高压锅炉管 170 吨，单价 7400 元，价款 1258000 元，增值税销项税额 213860 元。货已发出，款项尚未收到（如表 8-75 和表 8-76 所示）。

表 8-75

| 987769900 | 河北省增值税专用发票 | No 8645658 |

记账联

开票日期：2011 年 12 月 20 日

购货单位	名　　　称：承德泰华锅炉制造厂 纳税人识别号：987767873022874 地　址、电话：承德市山前大道 85 号 开户行及账号：建设银行山前大道支行 673891901744423	密码区	9-776326<119433358<853435048 95/37579848*7>+>-72525387//85 >8742355245746-7<8*884653/+<4 89-3001635532-/08766442>>58988-

货物或应税劳务名称	规格型号	单位	数量	单价	金额	税率	税额
高压锅炉管		吨	170	7400.00	1258000.00	17%	213860.00
合计					￥1258000.00		￥213860.00

价税合计（大写）	壹佰肆拾柒万壹仟捌佰陆拾元整		￥1471860.00

销货单位	名　　　称：河北钢管制造有限公司 纳税人识别号：130685974321167 地　址、电话：石家庄市北二环东路 56 号　87680688 开户行及账号：工商银行建华支行　801303160390130	备注	

第三联：记账联 销货方记账凭证

收款人：　　　　　复核：　　　　　开票人：　　　　　销货单位：

表 8-76

产 成 品 出 库 单

2011 年 12 月 20 日　　　　　　　　　　No　00004

产品名称	型号规格	单位	出库数量	单价	金额	备注
高压锅炉管		吨	170			

记账：孙艳玲　　　　　保管：刘宁　　　　　检验：　　　　　制单：李静

业务 49：

12 月 21 日，接银行通知支付本季度长期借款利息，前两个月已预提 25200 元（如表 8-77 所示）。

表 8-77

中国工商银行计收利息清单（支取通知）

2012 年 12 月 21 日

户名	河北钢管制造有限公司	账号	801303160390130

计息起止时间	2012 年 9 月 22 日至 2012 年 12 月 21 日

贷款种类	贷款账号	计算日贷款金额	月利率	计收利息金额	左列贷款利息已从你单位账户扣付
	801303160390130	1800000	0.7%	37800	银行签章 2011.12.21 2012 年 12 月 21 日

利息金额人民币（大写）	叁万柒仟捌佰元整	千	百	十	万	千	百	十	元	角	分
					¥3	7	8	0	0	0	0

业务 50：

12 月 21 日，支付下年度报刊杂志费 2420 元（如表 8-78 和表 8-79 所示）。

表 8-78

河北省邮电管理局报刊费收据 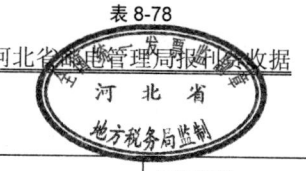 **No** 81644721

户名：河北钢管制造有限公司
地址：石家庄市北二环东路 56 号

报刊名称	起止订期	订阅份数	单价	金额
燕赵晚报	2012.01—2012.12	2	400	800
燕赵都市报	2012.01—2012.12	2	360	720
经济日报	2012.01—2012.12	1	350	350
石家庄日报	2012.01—2012.12	2	300	600
合计（大写）	贰仟肆佰贰拾元整			¥2420.00

单位盖章 26779022180192 开票人：李田静

表 8-79

中国工商银行

转账支票存根

Ⅶ Ⅱ 000436610

附加信息

出票日期 2011 年 12 月 21 日

收款人：河北省邮电管理局	
金　　额：￥2420.00	
用　　途：报刊费	
备　　注：	

单位主管王华　　会计孙艳玲

（左侧竖排：工行石家庄分公司 2011 印制）

预付的报刊杂志费，若金额较大，可以在以后各期分次摊销计入费用；若金额较小，可以一次性计入费用。

业务 51：

12 月 23 日基本生产车间生产高压锅炉管领用 10#圆钢 70 吨、20#圆钢 30 吨（如表 8-80 所示）。

表 8-80

领　料　单

领料单位：基本生产车间　　　　　　　　　　　　　　　　　　　编号：012

用　　途：生产高压锅炉管　　　　　2011 年 12 月 23 日　　　　仓库：1 号仓库

材料编号	材料名称	规格	单位	数量		单价	金额
				请领	实发		
	10#圆钢	10#	吨	70	70		
	20#圆钢	20#	吨	30	30		

领料部门负责人：　　　　　　　领料人：张宇林　　　　　　　发料人：刘宁

不用做记账凭证，只登记原材料明细账，月末编制发出材料汇总表，再根据发出材料汇总表编制记账凭证。

业务 52:

12 月 23 日，处置行政管理部门的办公设备一批，原价 60000 元，已提折旧 50000 元（如表 8-81 所示）。

表 8-81

固定资产清理报废单

2012 年 12 月 23 日

名称及型号	单位	数量	原始价值	已提折旧	净值	预计使用年限	实使用年限上	支付清理费用	收回变价收入
电脑	台	6	60000	50000	10000	6	5		
建造单位				建造年份			报废原因	设备无法正常使用	

业务 53:

12 月 23 日，向河北虹光服装厂购买 100 套工作服，单价 80 元，价款 8000 元，增值税进项税额 1360 元，款项已通过银行支付（如表 8-82 至表 8-84 所示）。

表 8-82

中国工商银行

转账支票存根

Ⅶ Ⅱ 000436611

附加信息

_____

_____

_____

出票日期 2011 年 12 月 23 日

收款人：河北虹光服装厂
金　额：￥9360.00
用　途：购买工作服
备　注：

单位主管王华　　　会计孙艳玲

（工行石家庄办公司 2011 印制）

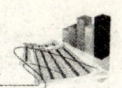

表 8-83

85754438595　　　河北省增值税专用发票　　　**No 98392832**

开票日期：2011 年 12 月 23 日

购货单位	名　　称　河北钢管制造有限公司 纳税人识别号：130685974321167 地址、电话：石家庄市北二环东路 56 号 87680688 开户行及账号：工商银行建华支行 801303160390130	密码区	2-65745<19458<38455504851 75/375079848*7>+>-2456//65 >*8574524567-7<8*87453/+<4 13-3001152-/>7144442>>5568-

货物或应税劳务名称	规格型号	单位	数量	单价	金额	税率	税额
工作服	Z8464	套	100	80.00	8000.00	17%	1360.00
合计					￥8000.00		￥1360.00

价税合计（大写）：	玖仟叁佰陆拾元整	（小写）：￥9360.00

销货单位	名　　称　河北虹光服装厂 纳税人识别号：829839393943984 地址、电话：中华北大街 185 号 83873729 开户行及账号：建行中华北大街支行 789302754768732	备注	

收款人：　　　　　复核：　　　　　开票人：王　　　　销货单位：（章）

第二联：发票联　购货方记账凭证

表 8-84

收 料 单

供应单位：河北虹光服装厂　　　　　　　　　　　　　　　　第 005 号
发票号码：98392832　　　　　　2011 年 12 月 23 日　　　　　收料仓库：1 号仓库

材料编号	材料名称	规格	单位	数量		实际价格			
				应收	实收	单价	发票金额	运杂费	合计
	工作服		件	100	100	80	8000		8000
合　计									

仓库负责人：　　　　　　经办人：　　　　　　收料人：刘宁

业务 54：

12 月 24 日，收到处置行政管理部门办公设备的变价收入 1200 元，并结转处置固定资产净损益（如表 8-85 所示）。

表 8-85

收 款 收 据

2012 年 12 月 24 日　　　　No　0285686

今收到　　张园

人民币　壹仟贰佰元整　　　　　　　¥1200

系　付　购买旧电脑款

现金收讫

单位盖章：　　　　会计：孙艳玲　　　出纳：王小丽　　　经手人：刘梅

业务 55：

12 月 24 日，向河北中天伟业有限公司购入需安装的设备一台，价款 600000 元，增值税 102000 元，款项已用银行存款支付，设备已运达企业（如表 8-86 和表 8-87 所示）。

表 8-86

8575443859　　　　**河北省增值税专用发票**　　　**No 98392832**

河发北票联

开票日期：2011 年 12 月 23 日

购货单位	名　称	河北钢管制造有限公司		密码区	2-65745<19458<38455504851 75/375079848*7>+>-2456//65 >*8574524567-7<8*87453/+<4 13-3001152-/>7144442>>5568-
	纳税人识别号：	130685974321167			
	地址、电话：	石家庄市北二环东路 56 号 87680688			
	开户行及账号：	工商银行建华支行 801303160390130			

货物或应税劳务名称	规格型号	单位	数量	单价	金额	税率	税额
钢管机	G3868	台	1	600000.00	600000.00	17%	102000.00
合计					¥600000.00		¥102000.00

价税合计（大写）	柒拾万零贰仟元整 　¥702000.00				（小写）		

销货单位	名　称	河北中天伟业有限公司		备注	
	纳税人识别号：	982387698309090			
	地址、电话：	友谊大街 376 号 83773380			
	开户行及账号：	建行友谊大街支行 837474502998249			

收款人：　　　　复核：　　　　　开票人：　　　　销货单位（章）

中天伟业有限公司 财务专用章

表 8-87

```
                 中国工商银行
                 转账支票存根
                 VI II  000436612

                 附加信息 _____

                 _____

                 _____

                 出票日期 2011 年 12 月 24 日
                 ┌─────────────────────────────┐
                 │ 收款人：河北中天伟业有限公司 │
                 ├─────────────────────────────┤
                 │ 金  额：￥702000.00         │
                 ├─────────────────────────────┤
                 │ 用  途：设备款              │
                 ├─────────────────────────────┤
                 │ 备  注：                    │
                 └─────────────────────────────┘
                 单位主管王华      会计孙艳玲
```

工行石家庄办公司 2011 印制

业务 56：

12 月 25 日，以银行存款支付钢管机的安装费 5000 元，安装完毕，交付生产车间使用（如表 8-88 和表 8-89 所示）。

表 8-88

河北省修理修配行业专用发票

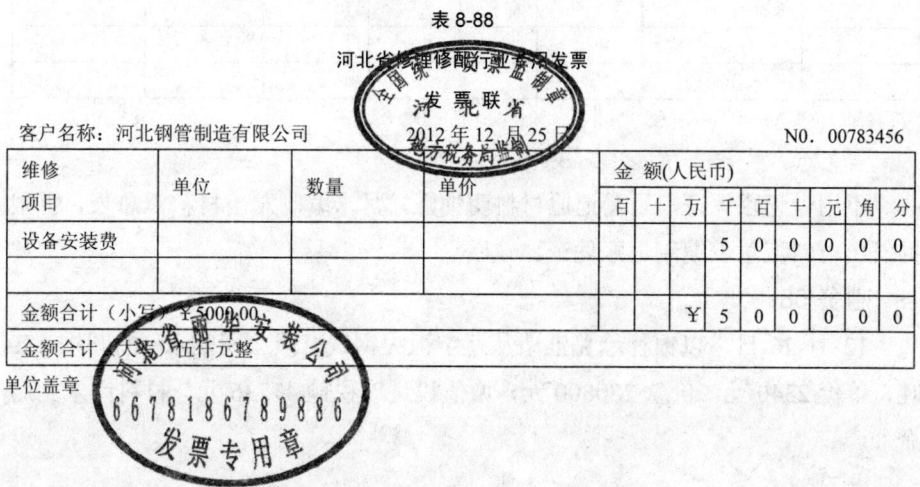

客户名称：河北钢管制造有限公司											N0. 00783456

维修项目	单位	数量	单价	金 额(人民币)							
				百	十	万	千	百	十	元	角	分
设备安装费							5	0	0	0	0	0
金额合计（小写）￥5000.00						￥	5	0	0	0	0	0
金额合计（大写）伍仟元整												

单位盖章

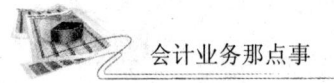

表 8-89

固定资产验收交接单

2012 年 12 月 25 日

No 00004

金额单位：元

资产编号	资产名称	型号规格或结构面积	计算单位	数量	设备价值或工程造价	设备基础及安装费用	附加费用	合计
	钢管机	G3868	台	1	600000.00	5000.00		605000.00
资产来源		外购	使用年限		主要附属设备	1.		
制造厂商			估计残值			2.		
制造日期及编号			基本折旧率			3.		
工程项目或使用部门			其他			4.		

接管部门：生产车间　　　　　　　主管：王明明　　　　　　　接管人：李东东

业务 57：

12 月 25 日，基本生产车间生产高压锅炉管领用抗磨液压油 5 桶、黄油 3 桶材料（如表 8-90 所示）。

表 8-90

领　料　单

领料单位：基本生产车间　　　　　　　　　　　　　　　　　　编号：013

用　途：高压锅炉管　　　　　2011 年 12 月 25 日　　　　　仓库：1 号仓库

材料编号	材料名称	规格	单位	数量		单价	金额
				请领	实发		
	抗磨液压油		桶	5	5		
	黄油		桶	3	3		

领料部门负责人：　　　　　　　领料人：张宇林　　　　　　　发料人：刘宁

不用做记账凭证，只登记原材料明细账，月末编制发出材料汇总表，再根据发出材料汇总表编制记账凭证。

业务 58：

12 月 26 日，以银行承兑汇票从辽宁恒大钢铁有限公司购入 10#圆钢 120 吨，单价 2340 元，价款 280800 元，增值税进项税额 47736 元，材料尚未到达企业。

表 8-91

097096452　　　　　　辽宁省增值税专用发票　　　No 97585602

发票联

开票日期：2011 年 12 月 26 日

购货单位	名　　　称：河北钢管制造有限公司 纳税人识别号：130685974321167 地址、电话：石家庄市北二环东路 56 号 87680688 开户行及账号：工商银行建华支行 801303160390130	密码区	<65745<19458<38455504851 75/375938748*7>+>-2456//89 >*8574524567-7<8*87453/+<8 78-3001152-/>7144442>>8399

货物或应税劳务名称	规格型号	单位	数量	单价	金额	税率	税额
10#圆钢	10#	吨	120	2340.00	280800.00	17%	47736.00
合计					￥280800.00		￥47736.00

价税合计（大写）：	叁拾贰万捌仟伍佰叁拾陆元整	（小写）：￥328536.00

销货单位	名　　　称：辽宁恒大钢铁有限公司 纳税人识别号：608269013080192 地址、电话：沈阳市青年大街 284 号 28837793 开户行及账号：建行和平区支行 436984000010292	备注	

收款人：　　　　　复核：　　　　　开票人：李静静　　　　　销货单位（章）

第二联：发票联 购货方记账凭证

表 8-92

中国工商银行银行承兑汇票（存根）　　　No　03022011

出票日期：贰零壹壹年壹拾贰月贰拾陆日

出票人	全　称	河北钢管制造有限公司	收款人	全　称	辽宁恒大钢铁有限公司
	账　号	801303160390130		账　号	436984000010292
	开户银行	石家庄市工商银行建华支行		开户银行	沈阳市建行和平区支行

出票金额	人民币（大写）叁拾贰万捌仟伍佰叁拾陆元整	千	百	十	万	千	百	十	元	角	分
			￥	3	2	8	5	3	6	0	0

汇票到期日（大写）	贰零壹贰年五月贰拾陆日	本汇票已经承兑到期无条件付款	承兑协议编号

本汇票请你行承兑，到期无条件付款 出票人签章	承兑 沈阳工商银行建华支行（借） 承兑日期 2011.12.26 12 月 26 日 业务专用章 备注：	对方科目（贷） 转账　　年 月 日 复核　　记账

业务 59：

12 月 26 日，以银行存款向石家庄安达科技有限公司购入专利技术一项，价款 90000 元（如表 8-93 和表 8-94 所示）。

表 8-93

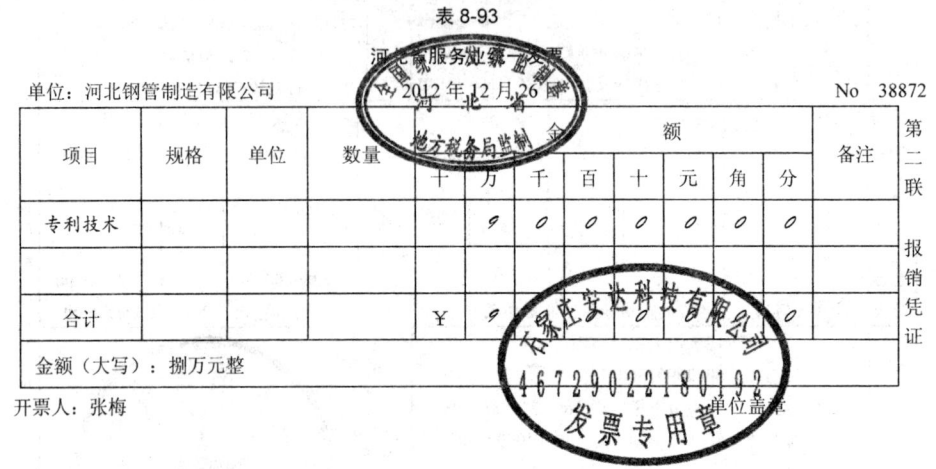

项目	规格	单位	数量	十	万	千	百	十	元	角	分	备注
专利技术					9	0	0	0	0	0	0	
合计				¥	9						0	

单位：河北钢管制造有限公司　　　　　　　　　　　　　　No 38872

金额（大写）：捌万元整

开票人：张梅

表 8-94

```
中国工商银行
转账支票存根
VI II  000436613
附加信息
_____
_____
_____
出票日期 2011 年 12 月 26 日
```

收款人：石家庄安达科技公司
金　额：￥90000.00
用　途：购买专利技术
备　注：
单位主管王华　　会计孙艳玲

工行石家庄分公司 2011 印制

业务 60：

12 月 27 日，以现金支付职工困难补助 2000 元（如表 8-95 所示）。

表 8-95

河北钢管制造有限公司职工生活困难补助申请单

2012 年 12 月 27 日

部门	生产车间	陈建军	本人工资收入	1500.00	家庭其他人员收入	1000.00
补助原因	妻子有重大疾病，收入减少，而医药费、营养费等支出增加，造成家庭困难。			补助性质		临时补助
				申请金额（大写）		贰仟元整
部门意见	建议临时补助贰仟元。2011 年 12 月 27 日			工会意见	同意　张明清　2011 年 12 月 27 日	

出纳：王小丽　　　　　　　　　　　　　　　　　领款人：陈建军

业务 61：

12 月 28 日，向石家庄锅炉制造厂销售无缝钢管 90 吨，单价 6250 元，价款 562500 元；高压锅炉管 140 吨，单价 7450 元，价款 1043000 元，增值税销项税额共计 272935 元，货已发出，收到转账支票一张（如表 8-96 至 8-98 所示）。

表 8-96

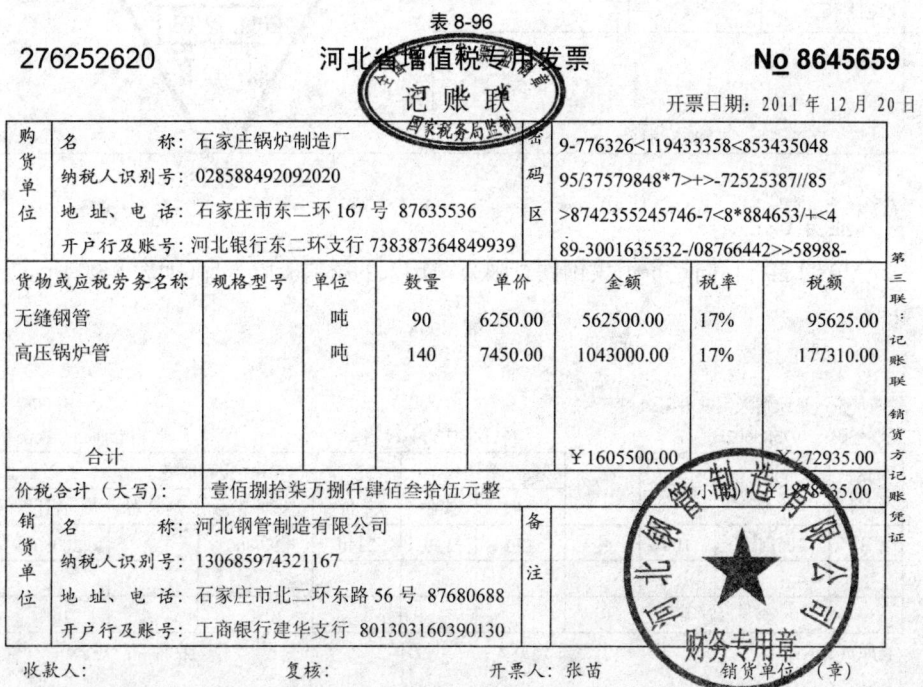

276252620　　　　　　河北省增值税专用发票　　　　　No 8645659

开票日期：2011 年 12 月 20 日

购货单位	名　称：石家庄锅炉制造厂 纳税人识别号：028588492092020 地址、电话：石家庄市东二环 167 号 87635536 开户行及账号：河北银行东二环支行 738387364849939	密码区	9-776326<119433358<853435048 95/37579848*7>+>-72525387//85 >8742355245746-7<8*884653/+<4 89-3001635532-/08766442>>58988-

货物或应税劳务名称	规格型号	单位	数量	单价	金额	税率	税额
无缝钢管		吨	90	6250.00	562500.00	17%	95625.00
高压锅炉管		吨	140	7450.00	1043000.00	17%	177310.00
合计					￥1605500.00		￥272935.00

价税合计（大写）	壹佰捌拾柒万捌仟肆佰叁拾伍元整		￥1878435.00

销货单位	名　称：河北钢管制造有限公司 纳税人识别号：130685974321167 地址、电话：石家庄市北二环东路 56 号 87680688 开户行及账号：工商银行建华支行 801303160390130	备注	

收款人：　　　　复核：　　　　开票人：张苗　　　　销货单位（章）

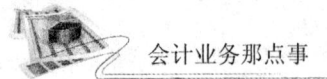

表 8-97

产 成 品 出 库 单

2011 年 12 月 28 日

No 00005

产品名称	型号规格	单位	出库数量	单价	金额	备注
无缝钢管		吨	90			
高压锅炉管		吨	140			

记账：孙艳玲　　　　　　　保管：刘宁　　　　　　　检验：　　　　　　　制单：李静

表 8-98

中国工商银行 进账单（收账通知）

2011 年 12 月 28 日

出票人	全　称	石家庄锅炉制造厂	收款人	全　称	河北钢管制造有限公司
	账　号	738387364849939		账　号	801303160390130
	开户银行	河北银行东二环支行		开户银行	工商银行建华支行

人民币（大写）	壹佰捌拾柒万捌仟肆佰叁拾伍元整	百	十	万	千	百	十	元	角	分
		1	8	7	8	4	3	5	0	0

票据种类	转账支票	票据张数	1	工商银行建华支行 2011.12.28 收讫
票据号码				
复核　　　　记账				

业务 62：

12 月 29 日，向辽宁恒大钢铁有限公司购入的材料验收入库（如表 8-99 所示）。

表 8-99

收　料　单

供应单位：辽宁恒大钢铁有限公司　　　　　　　　　　　　　　　　第 006 号
发票号码：97585602　　　　　　2011 年 12 月 29 日　　　　　收料仓库：1 号仓库

材料编号	材料名称	规格	单位	数量		实际价格			
				应收	实收	单价	发票金额	运杂费	合计
	10#圆钢	10#	吨	120	120	2340	280800	0	280800
	合　　计								

仓库负责人：　　　　　　　　经办人：　　　　　　　　收料人：刘宁

156

业务 63：

12 月 31 日，接银行通知支付本月水费（如表 8-100 至表 8-102 所示）。

表 8-100

委托收款凭证（付款通知）

委托日期：2011 年 12 月 31 日

付款人	全称	河北钢管制造有限公司	收款人	全称	石家庄市供水公司	此联付款人开户银行给付款兴按期付款的通知
	账号	801303160390130		账号	288259101032933	
	开户行	石家庄市工商银行建华支行		开户行	中行胜利北大街支行	

委托金额	人民币（大写） 陆万零贰佰贰拾玖元整		千	百	十	万	千	百	十	元	角	分
					￥	6	0	2	2	9	0	0

款项内容	水费	委托收款凭据名称	

工商银行建华支行
2011.12.31
付讫

备注：

付款人注意：
1.应于见票当日通知开户银行划款。
2.如需拒付，应在规定期限内将拒付理由书并付债务证明交退开户行。

表 8-101

8228985875　　　河北省增值税专用发票　　　No 982727595

发票联

开票日期：2011 年 12 月 31 日

购货单位	名　　　称：河北钢管制造有限公司	密码区	4-65745<19458<38455504851
	纳税人识别号：130685974321167		75/375938748*7>+>-2456//89
	地　址、电话：石家庄市北二环东路 56 号 87680688		>*8574524567-7<8*87453/+<8
	开户行及账号：工商银行建华支行 801303160390130		78-3001152-/>7144442>>8399

货物或应税劳务名称	规格型号	单位	数量	单价	金额	税率	税额
水费		吨	13000.00	4.10	53300.00	13%	6929.00
合计					￥53300.00		￥6929.00

价税合计（大写）：	陆万零贰佰贰拾玖元整		（小写）：￥60229.00

销货单位	名　　　称：石家庄市供水公司	备注	
	纳税人识别号：837902977500093		
	地　址、电话：胜利北大街 45 号 87398928		
	开户行及账号：中行胜利北大街支行 288259101032933		

收款人：　　　　复核：　　　　开票人：张静　　　销货单位：（章）

财务专用章

表 8-102

水费分配表

日期：2011 年 12 月 31 日

用电部门	用水量（吨）	单价	金额
生产车间	10700.00	4.10	43870.00
机修车间	2100.00	4.10	8610.00
行政管理部门	120.00	4.10	492.00
销售部门	80.00	4.10	328.00
合计	13000.00	4.10	53300.00

业务 64：

12 月 30 日，接银行通知支付本月电费（如表 8-103 至 8-105 所示）。

表 8-103

委托收款凭证（付款通知）

委托日期：2011 年 12 月 31 日

付款人	全称	河北钢管制造有限公司	收款人	全称	石家庄市供电公司	此联付款人开户银行给付款兴按期付款的通知
	账号	801303160390130		账号	297509210001094	
	开户行	工商银行建华支行		开户行	建行谈固南大街支行	

委托金额	人民币（大写）　壹拾万零捌仟柒佰贰拾伍元柒角陆分	千	百	十	万	千	百	十	元	角	分
				￥1	0	8	7	2	5	7	6

款项内容	电费	委托收款凭据名称		附寄单证张数	
备注：					

付款人注意：

1.应于见票当日通知开户银行划款。

2.如需拒付，应在规定期限内将拒付理由书并付债务凭据交退开户行。

（工商银行建华支行 2011.12.31 付讫）

表 8-104

| 097096452 | | | 河北省增值税专用发票 | | | | No 97585602 | | |

开票日期：2011 年 12 月 31 日

购货单位	名　　称：	河北钢管制造有限公司				密码区	4-65745<19458<38455504851
	纳税人识别号：	130685974321167					75/375938748*7>+>-2456//89
	地　址、电话：	石家庄市北二环东路 56 号 87680688					>*8574524567-7<8*87453/+<8
	开户行及账号：	工商银行建华支行 801303160390130					78-3001152-/>7144442>>8399

货物或应税劳务名称	规格型号	单位	数量	单价	金额	税率	税额
电费		度	96800.00	0.96	92928.00	17%	15797.76
合计					￥92928.00		￥15797.76

| 价税合计（大写）： | 壹拾万零捌仟柒佰贰拾伍元柒角陆分 | | （小写）￥108725.76 |

销货单位	名　　称：	石家庄市供电公司	备注	
	纳税人识别号：	608269013080192		
	地　址、电话：	建行谈固南大街 54 号 82987239		
	开户行及账号：	建行谈固南大街支行 297509210001094		

| 收款人： | 复核： | 开票人：李晓静 | 销货单位（章） |

第二联：发票联　购货方记账凭证

表 8-105

电费分配表

日期：2011 年 12 月 31 日

用电部门	用电量（度）	单价	金额（元）
生产车间	78000.00	0.96	74880.00
动力车间	16000.00	0.96	15360.00
行政管理部门	2000.00	0.96	1920.00
销售部门	800.00	0.96	768.00
合计	96800.00	0.96	92928.00

业务 65：

12 月 31 日,交纳本年房产税 2750000*(1-20%)×1.2%=26400 元（如表 8-106 所示）。

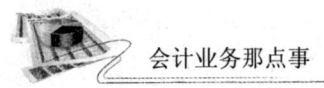

表 8-106

石家庄市电子缴税回单

隶属关系—市属于　　　　　　　　　　　　　　　　　　　电子缴税号 7598206576298

注册类型—有限责任公司　　　　填发日期—2011.12.31　　征收机关—石家庄市地方税务局

缴税单位	代码	2986187367	收款国库	中行石家庄支行金库
	全称	河北钢管制造有限公司	国库账号	98272572984247587459
	账号	801303160390130	预算级次	（区）县级
	开户银行	工商银行建华支行	国库开户银行	中行石家庄支行

税款所属期	20111201 至 20111231	税款限缴日期	20120115

预算科目	税种税目	计税金额、销售收入或课税数量	税率或单位税额	已缴或扣除额	实缴税额
201090300	房产税	2250000	1.2%		26400.00

金额合计	贰万陆仟肆佰元整				￥26400.00

申报方式		征收方式	打印	上列款项已核记入收款单位账户。	备注
正常申报				扣款日期—20111231	

业务 66：

12 月 31 日，支付本月电话费 6300 元（如表 8-107 和表 8-108 所示）。

表 8-107

河北省邮电通信业发票

发票联

河 北 省

2011 年 12 月 31 日

发票代码：98375734

发票号码：00485103

号码	00311- 87680688	客户名称 河北钢管制造有限公司
金额（人民币）	大写：陆仟叁佰元整	￥6300.00
交款明细项目		收款单位章
月租费：60.00 市话：4200.00 国内长途：2040.00		中国电信河北省分公司 6678186789886 发票专用章

表 8-108

委托收款凭证（付款通知）

委托日期：2011 年 12 月 31 日

付款人	全称	河北钢管制造有限公司	收款人	全称	中国电信通信集团河北有限公司
	账号	801303160390130		账号	287843090928303
	开户行	工商银行建华支行		开户行	中行青园街道支行

委托金额	人民币（大写）：	陆仟叁佰元整	千	百	十	万	千	百	十	元	角	分
							￥	6	3	0	0	0	0

款项内容	电话费	委托收款凭据名称				
备注：		付款人注意： 1.应于见票当日通知开户银行划款。 2.如需拒付，应在规定期限内将拒付理由书及拒付债务证明交退开户行。				

工商银行建华支行
2011.12.31

此联付款人开户银行给付款人按期付款的通知

业务 67：

12 月 31 日，计提本月职工工资（如表 8-109 所示）。

表 8-109

工资结算汇总表

单位：河北钢管制造有限公司　　　　　　2011 年 12 月 31 日

部门名称			应付工资	养老 8.00%	医疗 2.00%	失业 1.00%	住房公积金 7.00%	个人所得税	实发工资
生产车间	生产工人	无缝钢管	360000.00	28800.00	7200.00	3600.00	25200.00	3800.00	291400.00
		高压锅炉管	340000.00	27200.00	6800.00	3400.00	23800.00	3300.00	275500.00
	管理人员		130000.00	10400.00	2600.00	1300.00	9100.00	400.00	106200.00
机修车间			120000.00	9600.00	2400.00	1200.00	8400.00	370.00	98030.00
行政管理部门			278000.00	22240.00	5560.00	2780.00	19460.00	2980.00	224980.00
销售部门			160000.00	12800.00	3200.00	1600.00	11200.00	570.00	130630.00
合计			1388000.00	111040.00	27760.00	13880.00	97160.00	11420.00	1126740.00

会计主管：王华　　　　　　复核：孙艳玲　　　　　　制表：李静

业务 68：

12 月 31 日，计提职工福利费（如表 8-110 所示）。

表 8-110

职工福利计提表

单位：河北钢管制造有限公司　　2011 年 12 月 31 日

部门名称			应付工资	职工福利 14.00%	合计
生产车间	生产工人	无缝钢管	360000.00	50400.00	50400.00
		高压锅炉管	340000.00	47600.00	47600.00
	管理人员		130000.00	18200.00	18200.00
机修车间			120000.00	16800.00	16800.00
行政管理部门			278000.00	38920.00	38920.00
销售部门			160000.00	22400.00	22400.00
合计			1388000.00	194320.00	194320.00

会计主管：王华　　　　　复核：孙艳玲　　　　　　　　制表：李静

业务 69：

12 月 31 日，计提五险一金、工会经费、教育费附加（如表 8-111 和表 8-112 所示）。

表 8-111

工会经费和职工教育经费计提表

单位：河北钢管制造有限公司　　　　2011 年 12 月 31 日

部门名称			应付工资	工会经费 2.00%	职工教育经费 1.50%	合计
生产车间	生产工人	无缝钢管	360000.00	7200.00	5400.00	12600.00
		高压锅炉管	340000.00	6800.00	5100.00	11900.00
	管理人员		130000.00	2600.00	1950.00	4550.00
机修车间			120000.00	2400.00	1800.00	4200.00
行政管理部门			278000.00	5560.00	4170.00	9730.00
销售部门			160000.00	3200.00	2400.00	5600.00
合计			1388000.00	27760.00	20820.00	48580.00

会计主管：王华　　　　　复核：孙艳玲　　　　　　　　制表：李静

表 8-112

五险一金计提表

单位：河北钢管制造有限公司　　　　　　　2011 年 12 月 31 日

部门名称			应付工资	养老	医疗	失业	生育	工伤	住房公积金	合计
				20.00%	8.00%	2.00%	0.70%	1.50%	12.00%	
生产车间	生产工人	无缝钢管	360000.00	72000.00	28800.00	7200.00	2520.00	5400.00	43200.00	159120.00
		高压锅炉管	340000.00	68000.00	27200.00	6800.00	2380.00	5100.00	40800.00	150280.00
	管理人员		130000.00	26000.00	10400.00	2600.00	910.00	1950.00	15600.00	57460.00
机修车间			120000.00	24000.00	9600.00	2400.00	840.00	1800.00	14400.00	53040.00
行政管理部门			278000.00	55600.00	22240.00	5560.00	1946.00	4170.00	33360.00	122876.00
销售部门			160000.00	32000.00	12800.00	3200.00	1120.00	2400.00	19200.00	70720.00
合计			1388000.00	277600.00	111040.00	27760.00	9716.00	20820.00	166560.00	613496.00

会计主管：王华　　　　　　　复核：孙艳玲　　　　　　　制表：李静

业务 70：

12 月 31 日，转销无法支付的石家庄浩宇有限公司应付账款 2300 元（如表 8-113 所示）。

表 8-113

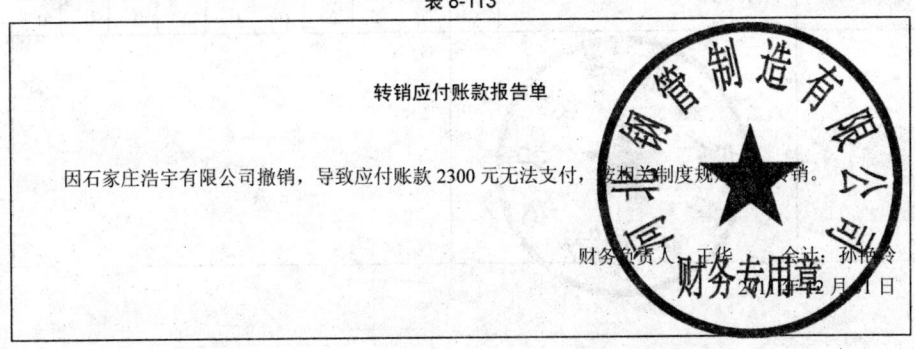

转销应付账款报告单

因石家庄浩宇有限公司撤销，导致应付账款 2300 元无法支付，按相关制度规定予以转销。

财务负责人：王华　　金额：孙艳玲

业务 71：

12 月 31 日，开出转账支票向石家庄市慈善总会捐款 20000 元（如表 8-114 和表 7-115 所示）。

表 8-114

中国工商银行
转账支票存根
VI II 000436614
附加信息 _____
出票日期 2011 年 12 月 31 日

工行石家庄分公司 2011 印制

收款人：石家庄市慈善总会	
金　额：¥20000.00	
用　途：捐款	
备　注：	
单位主管王华　　会计孙艳玲	

表 8-115

石家庄市捐款专用收款收据

№ 97585602

捐款单位	河北钢管制造有限公司		千	百	十	万	千	百	十	元	角	分
人民币（大写）	贰万元整				¥	2	0	0	0	0	0	0
收款单位（签章）	收款人（签章） 2011 年 12 月 31	备注：										

业务 72：

12 月 31 日，计提本月固定资产折旧（如表 8-116 所示）。

表 8-116

固定资产折旧计提表

单位：河北钢管制造有限公司　　　　　2011 年 12 月 31 日

部门＼类别	房屋、建筑物	机器设备	运输设备	办公设备	合计
基本生产车间	2975	91680	0	0	94655
机修车间	1050	21440	0	0	22490
行政管理部门	4725	0	10400	8750	23875
销售部门	875	0	7200	400	8475
合计	9625	113120	17600	9150	149495

会计主管：王华　　　　　　复核：孙艳玲　　　　　　　　　　制表：李静

注：房屋建筑物月折旧率为 0.35%，机器设备月折旧率为 1.6%，运输设备月折旧率为 2%，办公设备月折旧率为 2.5%。

业务 73：

12 月 31 日，计提本月无形资产摊销（如表 8-117 所示）。

表 8-117

无形资产累计摊销计提表

单位：河北钢管制造有限公司　　　　　2011 年 12 月 31 日

名称	原值	预计摊销年限	已计提累计摊销	本次摊销价值	净值
专利技术	630000	10	126000	5250	498750
专利技术	90000	10	0	750	89250
合计				6000	588000

会计主管：王华　　　　　　复核：孙艳玲　　　　　　　　　　制表：李静

业务 74：

12 月 31 日，对本月发出材料进行汇总（如表 8-118 和表 8-119 所示）。

表 8-118

发出材料汇总表（数量）

单位：河北钢管制造有限公司　　　　　2011 年 12 月 31 日

领料部门		10#圆钢（吨）	20#圆钢（吨）	抗磨液压油（桶）	黄油（桶）	工作服（套）
生产车间	无缝钢管	340	140	4	2	80
	高压锅炉管	420	190	5	3	
机修车间				2	1	
合计		760	330	11	6	80

会计主管：王华　　　　　　复核：孙艳玲　　　　　　　　　　制表：李静

表 8-119

发出材料汇总表（金额）

单位：河北钢管制造有限公司　　　　　　　　2011 年 12 月 31 日　　　　　　　　单位：元

领料部门		10#圆钢	20#圆钢	抗磨液压油	黄油	工作服	合计
生产车间	无缝钢管	807500	372960	5600	3000	3500	1192560
	高压锅炉管	997500	506160	7000	4500	2100	1517260
机修车间		0	0	2800	1500	0	4300
合计		1805000	879120	15400	9000	5600	2714120

会计主管：王华　　　　　　　　复核：孙艳玲　　　　　　　　制表：李静

注：　10#圆钢月末一次加权平均单价 $\dfrac{274000+1263500}{320+520}=2375$ 元

20#圆钢月末一次加权平均单价 $\dfrac{780000+552000}{200+200}=2664$ 元

工作服月末一次加权平均单价 $\dfrac{6000+2000}{100+100}=70$ 元

抗磨液压油月末一次加权平均单价 = 1400 元

黄油月末一次加权平均单价 = 1500 元

业务 75：

12 月 31 日，分配辅助生产车间的成本如表 8-120 所示。

表 8-120

辅助生产成本分配表

单位：河北钢管制造有限公司　　　　　　　　2011 年 12 月 31 日

分配对象		分配标准（工时）	分配率	分摊额
生产车间	无缝钢管	1050	81.6	85680
	高压锅炉管	1700	81.6	138720
车间管理部门		120	81.6	9792
行政管理部门		80	81.6	6528
销售部门		50	81.6	4080
合计		3000		244800

会计主管：王华　　　　　　　　复核：孙艳玲　　　　　　　　制表：李静

业务 76：

12 月 31 日，分配本月发生的制造费用（如表 8-121 所示）。

表 8-121

制造费用分配表

单位：河北钢管制造有限公司　　　　　　　　　2011 年 12 月 31 日

分配对象	分配标准（工时）	分配率	分摊额
无缝钢管	2300	86.6814	199367.22
高压锅炉管	2700	86.6814	234039.78
合计	5000		433407.00

会计主管：王华　　　　　　　　　　复核：孙艳玲　　　　　　　　　　制表：李静

业务 77：

12 月 31 日，产成品验收入库并结转本月完工入库产品成本（如表 8-122 和表 7-123 所示）。

表 8-122

产成品入库单

单位：河北钢管制造有限公司　　　　　　　　　2011 年 12 月 31 日

编号	名称	规格	单位	入库数量	单位成本	总成本	备注
	无缝钢管		吨	350			
	高压锅炉管		吨	350			
合　计							

会计主管：王华　　　　　复核：孙艳玲　　　　　制表：李静　　　　　库管：刘宁

表 8-123

入库产品成本计算表

单位：河北钢管制造有限公司　　　　　　　　　2011 年 12 月 31 日

产品名称	期初余额		本月投产		本月完工			月末在产品		
	数量	金额	数量	金额	数量	单价	金额	数量	单价	金额
无缝钢管	20	68000	670	2059727.22	650	3083.66	2004379	40	3083.66	123348.22
高压锅炉管	26	91000	704	2439799.78	700	3466.85	2426795	30	3466.85	104004.78
合计	46	159000	1374	4499527	1350		4431174	70		227353.00

会计主管：王华　　　　　　　　　　复核：孙艳玲　　　　　　　　　　制表：李静

业务 78：

12 月 31 日，计算本月应缴纳的增值税（如表 8-124 所示）。

表 8-124

应交增值税计算表

单位：河北钢管制造有限公司　　　　2011 年 12 月 31 日　　　　　　单位：元

项目	栏次	金额
本期销项税额	1	638265.00
本期进项税额	2	450378.76
本期进项税额转出	3	
本期实际抵扣税额	4=2-3	
本期应纳税金额	5=1-4	187886.24
期初未交增值税	6	
本期已交增值税	7	
本期未交增值税合计	8=5+6-7	187886.24

会计主管：王华　　　　　　　复核：孙艳玲　　　　　　　制表：李静

业务 79：

12 月 31 日，计算本月应负担的城建税和教育费附加（如表 8-125 所示）。

表 8-125

城市维护建设税和教育费附加计算表

单位：河北钢管制造有限公司　　　　2011 年 12 月 31 日　　　　　　单位：元

计税依据	税率	税额（元）
187886.24	7%	13152.04
187886.24	3%	5636.59
合计		18788.63

会计主管：王华　　　　　　　复核：孙艳玲　　　　　　　制表：李静

业务 80：

12 月 31 日，结转本月已销产品的成本（如表 8-126 所示）。

表 8-126

主营业务成本计算表

单位：河北钢管制造有限公司　　　　2011 年 12 月 31 日　　　　　　单位：元

产品名称	单位	月初结存		本月入库		本月销售		
		数量	总成本	数量	总成本	数量	加权平均单位成本	总成本
无缝钢管	吨	300	922500	650	2004379	213	3080.93	656238.09
高压锅炉管	吨	230	801320	700	2426795	326	3471.09	1131575.34
合计		530	1723820	1350	4431174	539		1787813.43

会计主管：王华　　　　　　　复核：孙艳玲　　　　　　　制表：李静

业务 81：

12 月 31 日，计提固定资产减值准备 9000 元（如表 8-127 所示）。

表 8-127

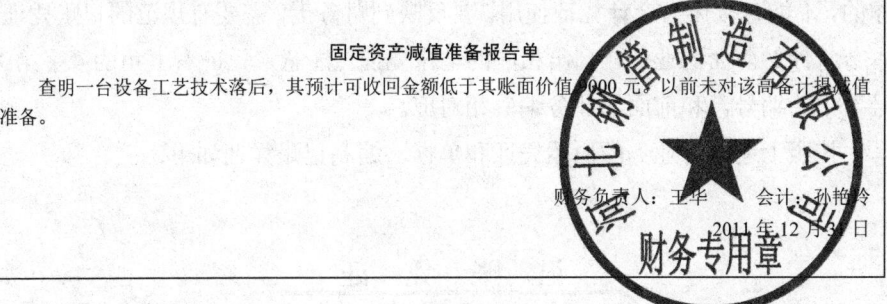

固定资产减值准备报告单

查明一台设备工艺技术落后，其预计可收回金额低于其账面价值 9000 元，以前未对该固资计提减值准备。

财务负责人：王华　　　会计：孙艳玲
2011 年 12 月 31 日

业务 82：

12 月 31 日，计提坏账准备（只对应收账款计提坏账准备，如表 8-128 所示）。

表 8-128

坏账准备提取计算表

2011 年 12 月 31 日　　　　　　　　　　　　　　　　　　　　　　　金额单位：元

年末"应收账款"科目余额	坏账准备提取比率	"坏账准备"科目借方余额	"坏账准备"科目贷方余额	应提取的坏账准备
2545402	5‰	0	4670	8057.01

会计主管：王华　　　　　　　复核：孙艳玲　　　　　　　制表：李静

业务 83：

12 月 31 日，将各损益类账户余额转入"本年利润"账户。

业务 84：

12 月 31 日，计算本月应交所得税，并转入"本年利润"账户。

业务 85：

12 月 31 日，将本年的净利润转入"利润分配—未分配利润"。

业务 86：

12 月 31 日，提取盈余公积。

业务 87：

12 月 31 日，向投资者分配 35% 利润。

业务 88：

12 月 31 日，利润分配细账户的结转。

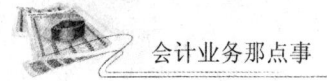

8.1.2 记账凭证登记

在上一节中，说明了该公司的经济业务，这些业务都是具体的办事人员操作的，不能直接作为会计凭证使用。要反映到财务上，需要有规范的记账凭证，本节将针对前面的业务，列出相应的记账凭证。注意，凭证右上角的"字第 X 号"中的编号，和前面的业务编码相对应。

按照上述经济业务的原始凭证和单据，编制记账凭证如下：

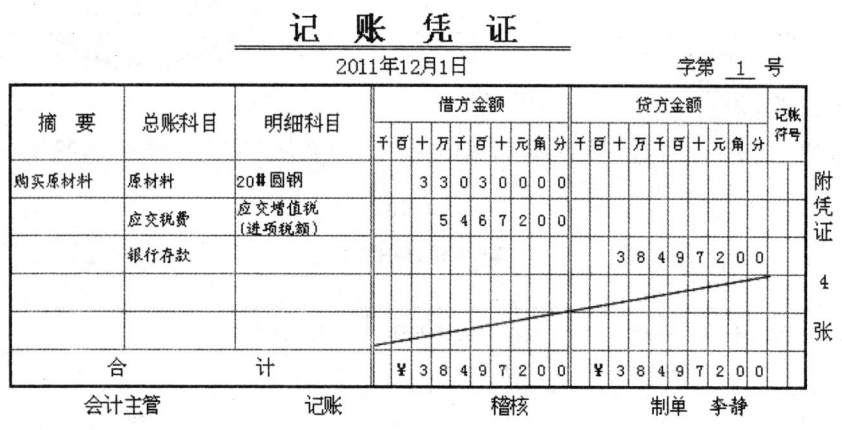

记 账 凭 证

2011年12月1日　　　　　　　字第 1 号

摘 要	总账科目	明细科目	借方金额										贷方金额										记帐符号
			千	百	十	万	千	百	十	元	角	分	千	百	十	万	千	百	十	元	角	分	
购买原材料	原材料	20#圆钢			3	3	0	3	0	0	0	0												
	应交税费	应交增值税（进项税额）				5	4	6	7	2	0	0												
	银行存款														3	8	4	9	7	2	0	0	
合　　　　计			¥	3	8	4	9	7	2	0	0		¥	3	8	4	9	7	2	0	0		

会计主管　　　　　记账　　　　　稽核　　　　　制单 李静

附凭证 4 张

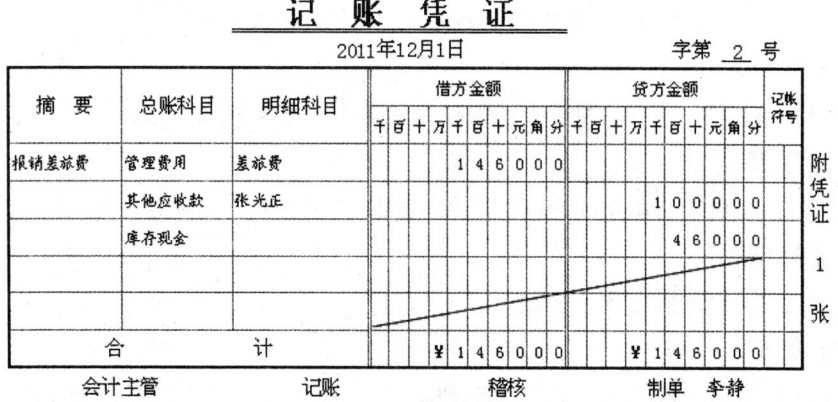

记 账 凭 证

2011年12月1日　　　　　　　字第 2 号

摘 要	总账科目	明细科目	借方金额										贷方金额										记帐符号
			千	百	十	万	千	百	十	元	角	分	千	百	十	万	千	百	十	元	角	分	
报销差旅费	管理费用	差旅费					1	4	6	0	0	0												
	其他应收款	张光正															1	0	0	0	0	0		
	库存现金																	4	6	0	0	0		
合　　　　计						¥	1	4	6	0	0	0					¥	1	4	6	0	0	0	

会计主管　　　　　记账　　　　　稽核　　　　　制单 李静

附凭证 1 张

记 账 凭 证

2011年12月2日　　　　　　　字第　3　号

摘　要	总账科目	明细科目	借方金额									贷方金额									记帐符号
			千	百	十	万	千	百	十	元	角	分	千	百	十	万	千	百	十	元	角	分	
收到前欠货款	银行存款				3	4	0	0	0	0	0												
	应收账款	承德华宇机械厂													3	4	0	0	0	0	0		
合　　　计			¥	3	4	0	0	0	0	0		¥	3	4	0	0	0	0	0			

会计主管　　　　　记账　　　　　稽核　　　　　制单 李静

附凭证 1 张

记 账 凭 证

2011年12月2日　　　　　　　字第　4　号

摘　要	总账科目	明细科目	借方金额									贷方金额									记帐符号
			千	百	十	万	千	百	十	元	角	分	千	百	十	万	千	百	十	元	角	分	
归还短期借款	短期借款	工商银行			5	0	0	0	0	0	0												
	银行存款														5	0	0	0	0	0	0		
合　　　计			¥	5	0	0	0	0	0	0		¥	5	0	0	0	0	0	0			

会计主管　　　　　记账　　　　　稽核　　　　　制单 李静

附凭证 1 张

记 账 凭 证

2011年12月3日　　　　　　　字第　5　号

摘　要	总账科目	明细科目	借方金额									贷方金额									记帐符号
			千	百	十	万	千	百	十	元	角	分	千	百	十	万	千	百	十	元	角	分	
销售高压锅炉管	应收账款	承德泰华锅炉制造厂			1	3	8	5	2	8	0	0										
	主营业务收入	高压锅炉管												1	1	8	4	0	0	0	0	
	应交税费	应交增值税（销项税额）													2	0	1	2	8	0	0	
合　　　计			¥	1	3	8	5	2	8	0	0	¥	1	3	8	5	2	8	0	0		

会计主管　　　　　记账　　　　　稽核　　　　　制单 李静

附凭证 2 张

记 账 凭 证

2011年12月3日 　　　　　　字第 6 号

摘要	总账科目	明细科目	借方金额 千百十万千百十元角分	贷方金额 千百十万千百十元角分	记账符号
支付前欠货款	应付账款	唐山众鑫钢铁有限公司	2 8 0 0 0 0 0 0		
	银行存款			2 8 0 0 0 0 0 0	
合　　计			¥ 2 8 0 0 0 0 0 0	¥ 2 8 0 0 0 0 0 0	

会计主管　　　　记账　　　　　稽核　　　　　制单 李静

附凭证 1 张

记 账 凭 证

2011年12月3日 　　　　　　字第 7 号

摘要	总账科目	明细科目	借方金额 千百十万千百十元角分	贷方金额 千百十万千百十元角分	记账符号
收到投资款	银行存款		1 0 0 0 0 0 0 0 0		
	实收资本	石家庄荣华有限责任公司		1 0 0 0 0 0 0 0 0	
合　　计			¥ 1 0 0 0 0 0 0 0 0	¥ 1 0 0 0 0 0 0 0 0	

会计主管　　　　记账　　　　　稽核　　　　　制单 李静

附凭证 1 张

记 账 凭 证

2011年12月3日 　　　　　　字第 8 号

摘要	总账科目	明细科目	借方金额 千百十万千百十元角分	贷方金额 千百十万千百十元角分	记账符号
购买原材料	在途物资	10#圆钢	6 5 2 4 0 0 0 0		
	应交税费	应交增值税（进项税额）	1 1 0 9 0 8 0 0		
	应付账款	辽宁恒大钢铁有限公司		7 6 3 3 0 8 0 0	
合　　计			¥ 7 6 3 3 0 8 0 0	¥ 7 6 3 3 0 8 0 0	

会计主管　　　　记账　　　　　稽核　　　　　制单 李静

附凭证 1 张

记 账 凭 证

2011年12月3日　　　　　　　字第　9　号

摘 要	总账科目	明细科目	借方金额									贷方金额									记账符号
			千	百	十	万	千	百	十	元	角	分	千	百	十	万	千	百	十	元	角	分	
收到票款	银行存款				8	9	0	0	0	0	0	0											
	应收票据	河北重阳钢材有限公司														8	9	0	0	0	0	0	0	
合　　计			¥		8	9	0	0	0	0	0	0	¥		8	9	0	0	0	0	0	0	

会计主管　　　　记账　　　　稽核　　　　制单 李静

附凭证 1 张

记 账 凭 证

2011年12月4日　　　　　　　字第 10 号

摘 要	总账科目	明细科目	借方金额										贷方金额									记账符号
			千	百	十	万	千	百	十	元	角	分	千	百	十	万	千	百	十	元	角	分	
收到到期票款	银行存款					5	0	0	0	0	0	0											
	应收票据	石家庄机械厂															5	0	0	0	0	0	0	
合　　计				¥		5	0	0	0	0	0	0		¥		5	0	0	0	0	0	0	

会计主管　　　　记账　　　　稽核　　　　制单 李静

附凭证 1 张

记 账 凭 证

2011年12月4日　　　　　　　字第 11 1/2 号

摘 要	总账科目	明细科目	借方金额										贷方金额									记账符号
			千	百	十	万	千	百	十	元	角	分	千	百	十	万	千	百	十	元	角	分	
支付上月工资	应付职工薪酬	工资			1	2	7	8	0	0	0	0											
	银行存款														1	0	3	7	4	1	0	0	0	
	应交税费	应交个人所得税															1	0	5	5	0	0	0	
	其他应付款	住房公积金																8	9	4	6	0	0	
	其他应付款	社会保险费（养老）															1	0	2	2	4	0	0	0	
合　　计																							

会计主管　　　　记账　　　　稽核　　　　制单 李静

附凭证 2 张

记 账 凭 证

2011年12月4日　　　　　　　　　　字第 11 2/2 号

摘要	总账科目	明细科目	借方金额 千百十万千百十元角分	货方金额 千百十万千百十元角分	记账符号
支付上月工资	其他应付款	社会保险费（医疗）		2 5 5 6 0 0 0 0	
	其他应付款	社会保险费（失业）		1 2 7 8 0 0 0 0	
合　　　计			¥1 2 7 8 0 0 0 0 0	¥1 2 7 8 0 0 0 0 0	

附凭证 2 张

会计主管　　　　记账　　　　稽核　　　　制单 李静

记 账 凭 证

2011年12月4日　　　　　　　　　　字第 12 1/3 号

摘要	总账科目	明细科目	借方金额 千百十万千百十元角分	货方金额 千百十万千百十元角分	记账符号
支付上月社会保险费、住房	其他应付款	住房公积金	8 9 4 6 0 0 0		
	其他应付款	社会保险费（养老）	1 0 2 2 4 0 0 0		
	其他应付款	社会保险费（医疗）	2 5 5 6 0 0 0		
	其他应付款	社会保险费（失业）	1 2 7 8 0 0 0		
	应付职工薪酬	住房公积金	1 5 3 3 6 0 0 0		
合　　　计					

附凭证 4 张

会计主管　　　　记账　　　　稽核　　　　制单 李静

记 账 凭 证

2011年12月4日　　　　　　　　　　字第 12 2/3 号

摘要	总账科目	明细科目	借方金额 千百十万千百十元角分	货方金额 千百十万千百十元角分	记账符号
支付上月社会保险费、住房	应付职工薪酬	社会保险费（养老）	2 5 5 6 0 0 0 0		
	应付职工薪酬	社会保险费（医疗）	1 0 2 2 4 0 0 0		
	应付职工薪酬	社会保险费（失业）	2 5 5 6 0 0 0 0		
	应付职工薪酬	社会保险费（生育）	8 9 4 6 0 0 0		
	应付职工薪酬	社会保险费（工伤）	1 9 1 7 0 0 0		
合　　　计					

附凭证 4 张

会计主管　　　　记账　　　　稽核　　　　制单 李静

记　账　凭　证

2011年12月4日　　　　　　　　　　字第　12 3/3　号

摘要	总账科目	明细科目	借方金额 千 百 十 万 千 百 十 元 角 分	贷方金额 千 百 十 万 千 百 十 元 角 分	记帐符号
支付上月社会保险费、住房公积	应交税费	应交个人所得税	1 0 5 5 0 0 0		
	银行存款			8 0 5 4 6 6 0 0	
合　　　　计			￥ 8 0 5 4 6 6 0 0	￥ 8 0 5 4 6 6 0 0	

附凭证 4 张

会计主管　　　　记账　　　　　　稽核　　　　　制单　李静

记　账　凭　证

2011年12月5日　　　　　　　　　字第　14　号

摘要	总账科目	明细科目	借方金额 千 百 十 万 千 百 十 元 角 分	贷方金额 千 百 十 万 千 百 十 元 角 分	记帐符号
销售无缝钢管	应收账款	廊坊中央空调有限责任公司	1 7 3 5 4 2 0 0		
	主营业务收入	无缝钢管		1 4 2 6 0 0 0 0	
	应交税费	应交增值税（销项税额）		2 4 2 4 2 0 0	
	银行存款			6 7 0 0 0 0	
合　　　　计			￥ 1 7 3 5 4 2 0 0	￥ 1 7 3 5 4 2 0 0	

附凭证 2 张

会计主管　　　　记账　　　　　　稽核　　　　　制单　李静

记　账　凭　证

2011年12月5日　　　　　　　　　字第　15　号

摘要	总账科目	明细科目	借方金额 千 百 十 万 千 百 十 元 角 分	贷方金额 千 百 十 万 千 百 十 元 角 分	记帐符号
购买打印纸	管理费用	办公费	6 8 0 0 0		
	库存现金			6 8 0 0 0	
合　　　　计			￥ 5 0 0 0 0 0	￥ 5 0 0 0 0 0	

附凭证 1 张

会计主管　　　　记账　　　　　　稽核　　　　　制单　李静

记 账 凭 证

2011年12月5日 字第 16 号

摘 要	总账科目	明细科目	借方金额									贷方金额									记账符号
			千	百	十	万	千	百	十	元	角	分	千	百	十	万	千	百	十	元	角	分	
购买原材料	原材料	20#圆钢			1	6	2	0	0	0	0	0											
	应交税费	应交增值税(进项税额)				2	7	5	4	0	0	0											
	应付账款	唐山东方钢铁有限公司													1	8	9	5	4	0	0	0	
合 计			¥	1	8	9	5	4	0	0	0		¥	1	8	9	5	4	0	0	0		

会计主管　　　　记账　　　　稽核　　　　制单 李静

附凭证 2 张

记 账 凭 证

2011年12月6日 字第 17 号

摘 要	总账科目	明细科目	借方金额									贷方金额									记账符号
			千	百	十	万	千	百	十	元	角	分	千	百	十	万	千	百	十	元	角	分	
交纳增值税、城建税、教育	应交税费	未交增值税				5	8	9	0	0	0	0											
	应交税费	应交城建税					4	1	2	3	0	0											
	应交税费	应交教育费附加					1	7	6	7	0	0											
	银行存款															6	4	7	9	0	0	0	
合 计				¥	6	4	7	9	0	0	0			¥	6	4	7	9	0	0	0		

会计主管　　　　记账　　　　稽核　　　　制单 李静

附凭证 2 张

记 账 凭 证

2011年12月6日 字第 18 号

摘 要	总账科目	明细科目	借方金额									贷方金额									记账符号
			千	百	十	万	千	百	十	元	角	分	千	百	十	万	千	百	十	元	角	分	
支付宣传彩页印刷费	销售费用	广告费					2	6	0	0	0	0											
	银行存款																2	6	0	0	0	0	
合 计				¥	2	6	0	0	0	0			¥	2	6	0	0	0	0				

会计主管　　　　记账　　　　稽核　　　　制单 李静

附凭证 2 张

记 账 凭 证

2011年12月6日　　　　　字第 19 号

摘　要	总账科目	明细科目	借方金额 千 百 十 万 千 百 十 元 角 分	贷方金额 千 百 十 万 千 百 十 元 角 分	记帐符号
材料验收入库	原材料	10# 圆钢	6 5 2 4 0 0 0 0		
	在途物资	10# 圆钢		6 5 2 4 0 0 0 0	
合　　　　计			¥ 6 5 2 4 0 0 0 0	¥ 6 5 2 4 0 0 0 0	

会计主管　　　　记账　　　　稽核　　　　制单 李静　　附凭证 1 张

记 账 凭 证

2011年12月6日　　　　　字第 20 号

摘　要	总账科目	明细科目	借方金额 千 百 十 万 千 百 十 元 角 分	贷方金额 千 百 十 万 千 百 十 元 角 分	记帐符号
预收购货款	银行存款		5 0 0 0 0 0 0 0		
	预收账款	石家庄华宇机械厂		5 0 0 0 0 0 0 0	
合　　　　计			¥ 5 0 0 0 0 0 0 0	¥ 5 0 0 0 0 0 0 0	

会计主管　　　　记账　　　　稽核　　　　制单 李静　　附凭证 1 张

记 账 凭 证

2011年12月7日　　　　　字第 21 号

摘　要	总账科目	明细科目	借方金额 千 百 十 万 千 百 十 元 角 分	贷方金额 千 百 十 万 千 百 十 元 角 分	记帐符号
收到前欠货款	银行存款		1 3 8 5 2 8 0 0		
	应收账款	承德豪华锅炉制造厂		1 3 8 5 2 8 0 0	
合　　　　计			¥ 1 3 8 5 2 8 0 0	¥ 1 3 8 5 2 8 0 0	

会计主管　　　　记账　　　　稽核　　　　制单 李静　　附凭证 1 张

记 账 凭 证

2011年12月8日　　　　　　　字第 22 号

摘　要	总账科目	明细科目	借方金额									贷方金额									记账符号
			千	百	十	万	千	百	十	元	角	分	千	百	十	万	千	百	十	元	角	分	
支付维修费	管理费用	修理费					2	8	0	0	0	0											
	应交税费	应交增值税（进项税额）						4	7	6	0	0											
	银行存款																3	2	7	6	0	0	
合　　　计					¥	3	2	7	6	0	0			¥	3	2	7	6	0	0		

会计主管　　　　记账　　　　稽核　　　　制单 李静

附凭证 2 张

记 账 凭 证

2011年12月8日　　　　　　　字第 23 号

摘　要	总账科目	明细科目	借方金额									贷方金额									记账符号
			千	百	十	万	千	百	十	元	角	分	千	百	十	万	千	百	十	元	角	分	
预付货款	预付账款	首都钢铁厂			4	0	0	0	0	0	0	0											
	银行存款														4	0	0	0	0	0	0	0	
合　　　计				¥	4	0	0	0	0	0	0	0	¥	4	0	0	0	0	0	0	0	

会计主管　　　　记账　　　　稽核　　　　制单 李静

附凭证 1 张

记 账 凭 证

2011年12月8日　　　　　　　字第 24 号

摘　要	总账科目	明细科目	借方金额									贷方金额									记账符号
			千	百	十	万	千	百	十	元	角	分	千	百	十	万	千	百	十	元	角	分	
提现	库存现金						3	0	0	0	0	0											
	银行存款																3	0	0	0	0	0	
合　　　计					¥	3	0	0	0	0	0			¥	3	0	0	0	0	0		

会计主管　　　　记账　　　　稽核　　　　制单 李静

附凭证 1 张

记 账 凭 证

2011年12月8日 字第 25 号

摘要	总账科目	明细科目	借方金额									贷方金额									记帐符号
			千	百	十	万	千	百	十	元	角	分	千	百	十	万	千	百	十	元	角	分	
支付审计费	管理费用	审计费					8	0	0	0	0											
		库存现金															8	0	0	0	0	
合 计						¥	8	0	0	0	0					¥	8	0	0	0	0	

会计主管 记账 稽核 制单 李静

记 账 凭 证

2011年12月9日 字第 26 号

摘要	总账科目	明细科目	借方金额									贷方金额									记帐符号
			千	百	十	万	千	百	十	元	角	分	千	百	十	万	千	百	十	元	角	分	
销售无缝钢管	预收账款	石家庄华宇机械厂			7	3	7	1	0	0	0	0										
	主营业务收入	无缝钢管													6	3	0	0	0	0	0	0	
	应交税费	应交增值税（销项税额）													1	0	7	1	0	0	0	0	
合 计					¥	7	3	7	1	0	0	0	0		¥	7	3	7	1	0	0	0	0	

会计主管 记账 稽核 制单 李静

记 账 凭 证

2011年12月10日 字第 27 号

摘要	总账科目	明细科目	借方金额									贷方金额									记帐符号
			千	百	十	万	千	百	十	元	角	分	千	百	十	万	千	百	十	元	角	分	
支付业务招待费	管理费用	业务招待费					1	8	0	0	0	0										
		库存现金															1	8	0	0	0	0	
合 计							¥	1	8	0	0	0	0				¥	1	8	0	0	0	0	

会计主管 记账 稽核 制单 李静

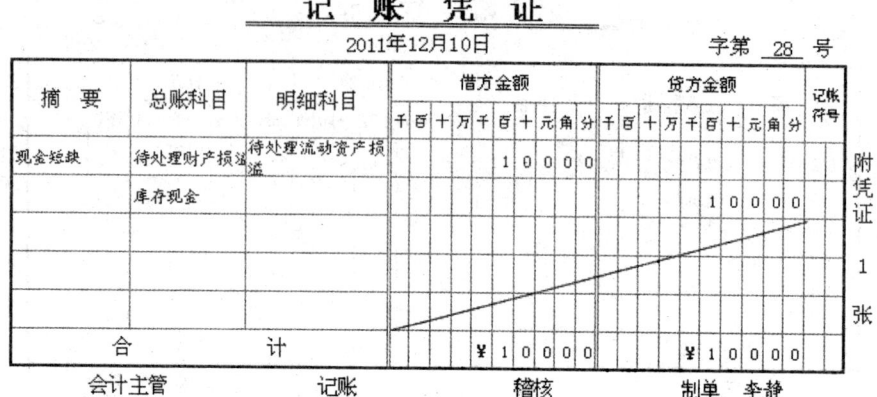

记 账 凭 证

2011年12月10日　　　　字第 28 号

摘要	总账科目	明细科目	借方金额									贷方金额									记账符号
			千	百	十	万	千	百	十	元	角	分	千	百	十	万	千	百	十	元	角	分	
现金短缺	待处理财产损溢	待处理流动资产损溢					1	0	0	0	0												
	库存现金																1	0	0	0	0		
合　　　计						¥	1	0	0	0	0						¥	1	0	0	0	0	

会计主管　　　　记账　　　　　　稽核　　　　　　制单 李静

附凭证 1 张

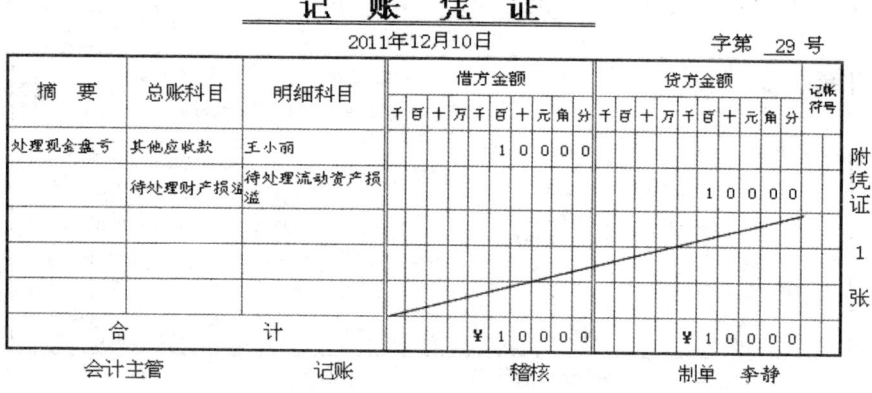

记 账 凭 证

2011年12月10日　　　　字第 29 号

摘要	总账科目	明细科目	借方金额									贷方金额									记账符号
			千	百	十	万	千	百	十	元	角	分	千	百	十	万	千	百	十	元	角	分	
处理现金盘亏	其他应收款	王小丽					1	0	0	0	0												
	待处理财产损溢	待处理流动资产损溢																1	0	0	0	0		
合　　　计						¥	1	0	0	0	0						¥	1	0	0	0	0	

会计主管　　　　记账　　　　　　稽核　　　　　　制单 李静

附凭证 1 张

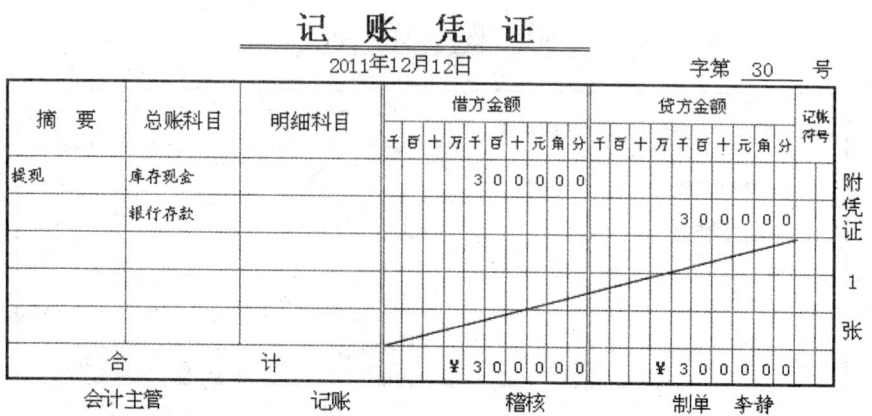

记 账 凭 证

2011年12月12日　　　　字第 30 号

摘要	总账科目	明细科目	借方金额									贷方金额									记账符号
			千	百	十	万	千	百	十	元	角	分	千	百	十	万	千	百	十	元	角	分	
提现	库存现金						3	0	0	0	0	0											
	银行存款																	3	0	0	0	0	0	
合　　　计						¥	3	0	0	0	0	0					¥	3	0	0	0	0	0	

会计主管　　　　记账　　　　　　稽核　　　　　　制单 李静

附凭证 1 张

记 账 凭 证

2011年12月12日　　　　　　　　字第　31　号

摘　要	总账科目	明细科目	借方金额								贷方金额								记帐符号
			千	百	十	万	千	百	十	元	角	分	千	百	十	万	千	百	十	元	角	分	
预借差旅费	其他应收款	贯国辉			1	5	0	0	0	0										
	库存现金														1	5	0	0	0	0	
合　　计				¥	1	5	0	0	0	0				¥	1	5	0	0	0	0	

会计主管　　　　　记账　　　　　　稽核　　　　　制单 李静

附凭证 1 张

记 账 凭 证

2011年12月13日　　　　　　　　字第　32　号

摘　要	总账科目	明细科目	借方金额								贷方金额								记帐符号
			千	百	十	万	千	百	十	元	角	分	千	百	十	万	千	百	十	元	角	分	
报销职工培训费	应付职工薪酬	职工教育经费				9	0	0	0	0										
	库存现金															9	0	0	0	0	
合　　计					¥	9	0	0	0	0					¥	9	0	0	0	0	

会计主管　　　　　记账　　　　　　稽核　　　　　制单 李静

附凭证 1 张

记 账 凭 证

2011年12月14日　　　　　　　　字第　33　号

摘　要	总账科目	明细科目	借方金额								贷方金额								记帐符号
			千	百	十	万	千	百	十	元	角	分	千	百	十	万	千	百	十	元	角	分	
预付款购入材料	原材料	20#圆钢		3	9	0	0	0	0	0	0									
	应交税费	应交增值税（进项税额）		6	6	3	0	0	0	0	0									
	预付账款	首都钢铁厂												4	0	0	0	0	0	0	0	
	银行存款													5	6	3	0	0	0	0	
合　　计				¥	4	5	6	3	0	0	0	0		¥	4	5	6	3	0	0	0	0	

会计主管　　　　　记账　　　　　　稽核　　　　　制单 李静

附凭证 3 张

记 账 凭 证

2011年12月14日　　　　　字第 34 号

摘要	总账科目	明细科目	借方金额									贷方金额									记账符号
			千	百	十	万	千	百	十	元	角	分	千	百	十	万	千	百	十	元	角	分	
报销差旅费	管理费用	差旅费				1	3	6	0	0	0												
	库存现金						1	4	0	0	0												
	其他应收款	贾圆辉													1	5	0	0	0	0		
合　　计				¥	1	5	0	0	0	0			¥	1	5	0	0	0	0		

会计主管　　　　记账　　　　　稽核　　　　　制单 李静

附凭证 1 张

记 账 凭 证

2011年12月16日　　　　　字第 35 号

摘要	总账科目	明细科目	借方金额									贷方金额									记账符号
			千	百	十	万	千	百	十	元	角	分	千	百	十	万	千	百	十	元	角	分	
支付法律咨询费	管理费用	咨询费				5	0	0	0	0	0												
	银行存款															5	0	0	0	0	0		
合　　计					¥	5	0	0	0	0	0			¥	5	0	0	0	0	0		

会计主管　　　　记账　　　　　稽核　　　　　制单 李静

附凭证 2 张

记 账 凭 证

2011年12月16日　　　　　字第 36 号

摘要	总账科目	明细科目	借方金额									贷方金额									记账符号
			千	百	十	万	千	百	十	元	角	分	千	百	十	万	千	百	十	元	角	分	
收到补付的货款	银行存款			2	3	7	1	0	0	0	0												
	预收账款	石家庄华宇机械厂												2	3	7	1	0	0	0	0		
合　　计			¥	2	3	7	1	0	0	0	0		¥	2	3	7	1	0	0	0	0	

会计主管　　　　记账　　　　　稽核　　　　　制单 李静

附凭证 1 张

记 账 凭 证

2011年12月17日　　　　字第 37 号

摘　要	总账科目	明细科目	借方金额										贷方金额										记账符号
			千	百	十	万	千	百	十	元	角	分	千	百	十	万	千	百	十	元	角	分	
支付前欠货款	应付账款	辽宁恒大钢铁有限公司		7	6	3	3	0	8	0	0												
	应付票据	辽宁恒大钢铁有限公司												7	6	3	3	0	8	0	0		
合　　　　计			¥	7	6	3	3	0	8	0	0		¥	7	6	3	3	0	8	0	0		

会计主管　　　　记账　　　　　　稽核　　　　制单　李静

附凭证 1 张

记 账 凭 证

2011年12月18日　　　　字第 38 号

摘　要	总账科目	明细科目	借方金额										贷方金额										记账符号
			千	百	十	万	千	百	十	元	角	分	千	百	十	万	千	百	十	元	角	分	
支付广告费	销售费用	广告费				3	5	0	0	0	0	0											
	银行存款															3	5	0	0	0	0	0	
合　　　　计				¥	3	5	0	0	0	0	0			¥	3	5	0	0	0	0	0		

会计主管　　　　记账　　　　　　稽核　　　　制单　李静

附凭证 2 张

记 账 凭 证

2011年12月19日　　　　字第 39 号

摘　要	总账科目	明细科目	借方金额										贷方金额										记账符号
			千	百	十	万	千	百	十	元	角	分	千	百	十	万	千	百	十	元	角	分	
购买印花税票	管理费用	税费					5	3	0	0	0												
	库存现金																	5	3	0	0	0	
合　　　　计						¥	5	3	0	0	0						¥	5	3	0	0	0	

会计主管　　　　记账　　　　　　稽核　　　　制单　李静

附凭证 张

记 账 凭 证

2011年12月20日　　　　　　　字第　40　号

摘 要	总账科目	明细科目	借方金额										贷方金额										记帐符号
			千	百	十	万	千	百	十	元	角	分	千	百	十	万	千	百	十	元	角	分	
销售高压锅炉管	应收账款	承德泰华锅炉制造厂		1	4	7	1	8	6	0	0	0											
	主营业务收入	高压锅炉管												1	2	5	8	0	0	0	0	0	
	应交税费	应交增值税（销项税额）													2	1	3	8	6	0	0	0	
合　　计			¥	1	4	7	1	8	6	0	0	0	¥	1	4	7	1	8	6	0	0	0	

会计主管　　　　记账　　　　　稽核　　　　　制单　李静

附凭证 1 张

记 账 凭 证

2011年12月21日　　　　　　　字第　41　号

摘 要	总账科目	明细科目	借方金额										贷方金额										记帐符号
			千	百	十	万	千	百	十	元	角	分	千	百	十	万	千	百	十	元	角	分	
支付本季度借款利息	财务费用						1	2	6	0	0	0											
	应付利息						2	5	2	0	0	0											
	银行存款																3	7	8	0	0	0	0	
合　　计						3	7	8	0	0	0	0	¥				3	7	8	0	0	0	0	

会计主管　　　　记账　　　　　稽核　　　　　制单　李静

附凭证 1 张

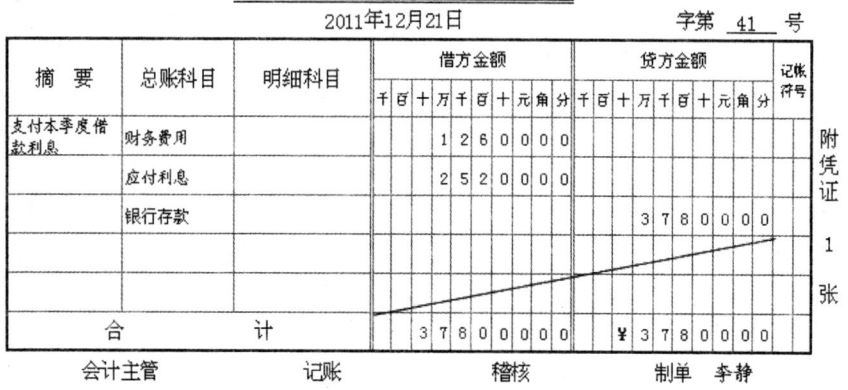

记 账 凭 证

2011年12月21日　　　　　　　字第　42　号

摘 要	总账科目	明细科目	借方金额										贷方金额										记帐符号
			千	百	十	万	千	百	十	元	角	分	千	百	十	万	千	百	十	元	角	分	
支付下年报刊费	管理费用	办公费					2	4	2	0	0	0											
	银行存款																	2	4	2	0	0	0	
合　　计							¥	2	4	2	0	0	0					¥	2	4	2	0	0	0	

会计主管　　　　记账　　　　　稽核　　　　　制单　李静

附凭证 2 张

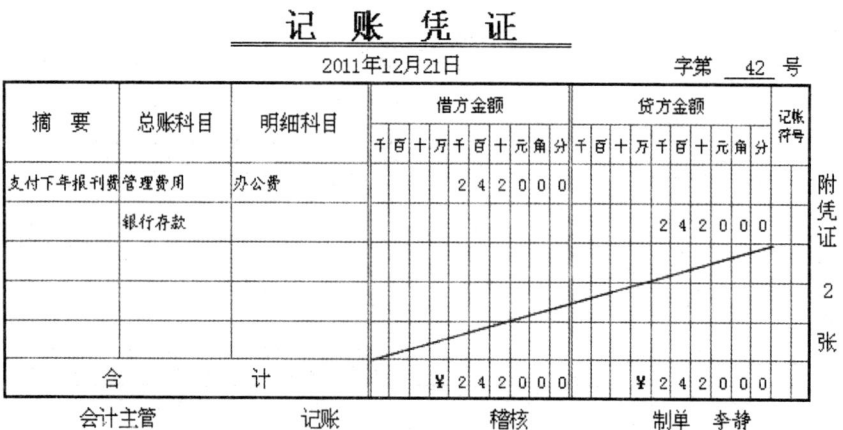

记　账　凭　证

2011年12月23日　　　　　　字第　43　号

摘　要	总账科目	明细科目	借方金额										贷方金额										记帐符号
			千	百	十	万	千	百	十	元	角	分	千	百	十	万	千	百	十	元	角	分	
处置办公设备	固定资产清理			1	0	0	0	0	0	0												
	累计折旧			5	0	0	0	0	0	0												
	固定资产	办公设备													6	0	0	0	0	0	0	
合　　　　计			¥	6	0	0	0	0	0	0			¥	6	0	0	0	0	0	0		

会计主管　　　　记账　　　　稽核　　　　制单　李静

附凭证 1 张

记　账　凭　证

2011年12月23日　　　　　　字第　44　号

摘　要	总账科目	明细科目	借方金额										贷方金额										记帐符号
			千	百	十	万	千	百	十	元	角	分	千	百	十	万	千	百	十	元	角	分	
购买工作服	周转材料	低值易耗品（工作服）			8	0	0	0	0	0												
	应交税费	应交增值税（进项税额）			1	3	6	0	0	0												
	银行存款															9	6	0	0	0	0	
合　　　　计				¥	9	3	6	0	0	0				¥	9	3	6	0	0	0		

会计主管　　　　记账　　　　稽核　　　　制单　李静

附凭证 3 张

记　账　凭　证

2011年12月24日　　　　　　字第　45　号

摘　要	总账科目	明细科目	借方金额										贷方金额										记帐符号
			千	百	十	万	千	百	十	元	角	分	千	百	十	万	千	百	十	元	角	分	
收到变价收入	库存现金					1	2	0	0	0	0											
	固定资产清理															1	2	0	0	0	0	
合　　　　计					¥	1	2	0	0	0	0				¥	1	2	0	0	0	0	

会计主管　　　　记账　　　　稽核　　　　制单　李静

附凭证 1 张

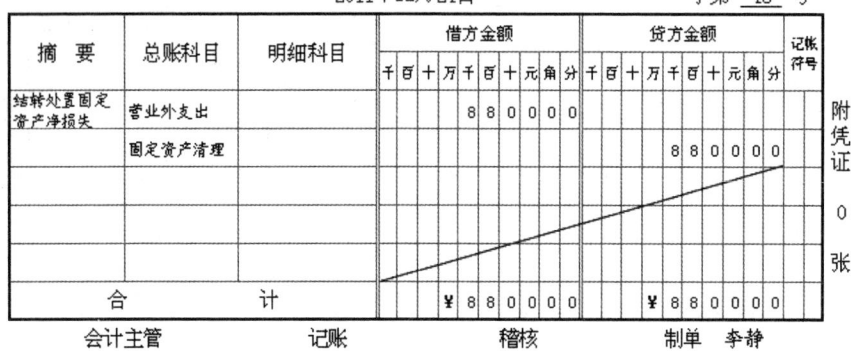

记 账 凭 证

2011年12月24日　　　　　　　　字第 __46__ 号

摘 要	总账科目	明细科目	借方金额 千 百 十 万 千 百 十 元 角 分	贷方金额 千 百 十 万 千 百 十 元 角 分	记帐符号
结转处置固定资产净损失	营业外支出		8 8 0 0 0 0		
		固定资产清理		8 8 0 0 0 0	
	合 计		¥ 8 8 0 0 0 0	¥ 8 8 0 0 0 0	

会计主管　　　　　记账　　　　　稽核　　　　　制单 李静

附凭证 0 张

记 账 凭 证

2011年12月24日　　　　　　　　字第 __47__ 号

摘 要	总账科目	明细科目	借方金额 千 百 十 万 千 百 十 元 角 分	贷方金额 千 百 十 万 千 百 十 元 角 分	记帐符号
购入钢管机一台	在建工程		6 0 0 0 0 0 0 0		
	应交税费	应交增值税（进项税额）	1 0 2 0 0 0 0 0		
		银行存款		7 0 2 0 0 0 0 0	
	合 计		¥ 7 0 2 0 0 0 0 0	¥ 7 0 2 0 0 0 0 0	

会计主管　　　　　记账　　　　　稽核　　　　　制单 李静

附凭证 2 张

记 账 凭 证

2011年12月25日　　　　　　　　字第 __48__ 号

摘 要	总账科目	明细科目	借方金额 千 百 十 万 千 百 十 元 角 分	贷方金额 千 百 十 万 千 百 十 元 角 分	记帐符号
支付钢管机安装费	在建工程		5 0 0 0 0 0		
		银行存款		5 0 0 0 0 0	
	合 计		¥ 5 0 0 0 0 0	¥ 5 0 0 0 0 0	

会计主管　　　　　记账　　　　　稽核　　　　　制单 李静

附凭证 2 张

记 账 凭 证

2011年12月25日　　　　字第 49 号

摘　要	总账科目	明细科目	借方金额									贷方金额									记帐符号
			千	百	十	万	千	百	十	元	角	分	千	百	十	万	千	百	十	元	角	分
钢管机交付使用	固定资产	机器设备		6	0	5	0	0	0	0	0												
		在建工程												6	0	5	0	0	0	0	0	
合　　计			¥	6	0	5	0	0	0	0	0	¥	6	0	5	0	0	0	0	0	

会计主管　　　　记账　　　　　稽核　　　　制单 李静

附凭证 1 张

记 账 凭 证

2011年12月26日　　　　字第 50 号

摘　要	总账科目	明细科目	借方金额									贷方金额									记帐符号
			千	百	十	万	千	百	十	元	角	分	千	百	十	万	千	百	十	元	角	分
购入原材料	在途物资	10#圆钢		2	8	0	8	0	0	0	0												
	应交税费	应交增值税(进项税额)			4	7	7	3	6	0	0											
	应付票据	辽宁恒大钢铁有限公司												3	2	8	5	3	6	0	0	
合　　计			¥	3	2	8	5	3	6	0	0	¥	3	2	8	5	3	6	0	0	

会计主管　　　　记账　　　　　稽核　　　　制单 李静

附凭证 2 张

记 账 凭 证

2011年12月26日　　　　字第 51 号

摘　要	总账科目	明细科目	借方金额									贷方金额									记帐符号
			千	百	十	万	千	百	十	元	角	分	千	百	十	万	千	百	十	元	角	分
购入专利技术	无形资产	专利技术			9	0	0	0	0	0	0												
		银行存款													9	0	0	0	0	0	0	
合　　计			¥		9	0	0	0	0	0	0	¥		9	0	0	0	0	0	0	

会计主管　　　　记账　　　　　稽核　　　　制单 李静

附凭证 2 张

记 账 凭 证

2011年12月27日　　　　　　　字第 52 号

摘要	总账科目	明细科目	千	百	十	万	千	百	十	元	角	分	千	百	十	万	千	百	十	元	角	分	记账符号
							借方金额										贷方金额						
发放职工困难补助	应付职工薪酬	职工福利					2	0	0	0	0	0											
	库存现金																2	0	0	0	0	0	
合　　计							¥	2	0	0	0	0	0					¥	2	0	0	0	0	0

会计主管　　　　记账　　　　稽核　　　　制单 李静

附凭证 1 张

记 账 凭 证

2011年12月28日　　　　　　　字第 53 号

摘要	总账科目	明细科目	借方金额										贷方金额										记账符号
			千	百	十	万	千	百	十	元	角	分	千	百	十	万	千	百	十	元	角	分	
销售产品	银行存款			1	8	7	8	4	3	5	0	0											
	主营业务收入	无缝钢管												5	6	2	5	0	0	0	0		
	主营业务收入	高压锅炉管												1	0	4	3	0	0	0	0		
	应交税费	应交增值税（销项税额）												2	7	2	9	3	5	0	0		
合　　计			¥	1	8	7	8	4	3	5	0	0	¥	1	8	7	8	4	3	5	0	0	

会计主管　　　　记账　　　　稽核　　　　制单 李静

附凭证 2 张

记 账 凭 证

2011年12月29日　　　　　　　字第 54 号

摘要	总账科目	明细科目	借方金额										贷方金额										记账符号
			千	百	十	万	千	百	十	元	角	分	千	百	十	万	千	百	十	元	角	分	
原材料验收入库	原材料	10#圆钢			2	8	0	8	0	0	0	0											
	在途物资	10#圆钢													2	8	0	8	0	0	0	0	
合　　计				¥	2	8	0	8	0	0	0	0		¥	2	8	0	8	0	0	0	0	

会计主管　　　　记账　　　　稽核　　　　制单 李静

附凭证 1 张

记 账 凭 证

2011年12月31日　　　　　　　字第　55　号

摘 要	总账科目	明细科目	千	百	十	万	千	百	十	元	角	分	千	百	十	万	千	百	十	元	角	分	记账符号
			借方金额										贷方金额										
支付本月水费	制造费用					4	3	8	7	0	0	0											
	生产成本	辅助生产成本(机修车间)					8	6	1	0	0	0											
	管理费用	办公费						4	9	2	0	0											
	销售费用	办公费						3	2	8	0	0											
	应交税费	应交增值税(进项税额)					6	9	2	9	0	0											
合　　　　计																							

会计主管　　　　记账　　　　　稽核　　　　　制单 李静

附凭证 3 张

记 账 凭 证

2011年12月31日　　　　　　　字第　56　号

摘 要	总账科目	明细科目	千	百	十	万	千	百	十	元	角	分	千	百	十	万	千	百	十	元	角	分	记账符号
			借方金额										贷方金额										
支付本月水费	银行存款															6	0	2	2	9	0	0	
合　　　　计			¥	6	0	2	2	9	0	0			¥	6	0	2	2	9	0	0			

会计主管　　　　记账　　　　　稽核　　　　　制单 李静

附凭证 3 张

记 账 凭 证

2011年12月31日　　　　　　　字第　57　号

摘 要	总账科目	明细科目	千	百	十	万	千	百	十	元	角	分	千	百	十	万	千	百	十	元	角	分	记账符号
			借方金额										贷方金额										
支付本月电费	制造费用					7	4	8	8	0	0	0											
	生产成本	辅助生产成本(机修车间)				1	5	3	6	0	0	0											
	管理费用	办公费					1	9	2	0	0	0											
	销售费用	办公费						7	6	8	0	0											
	应交税费	应交增值税(进项税额)				1	5	7	9	7	7	6											
合　　　　计																							

会计主管　　　　记账　　　　　稽核　　　　　制单 李静

附凭证 3 张

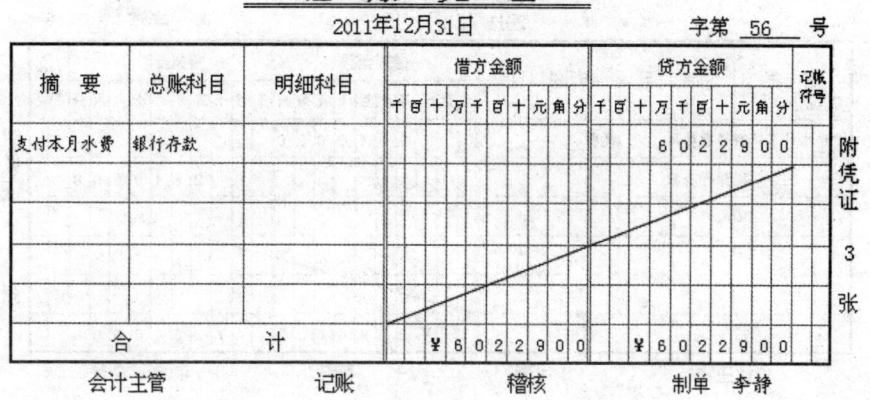

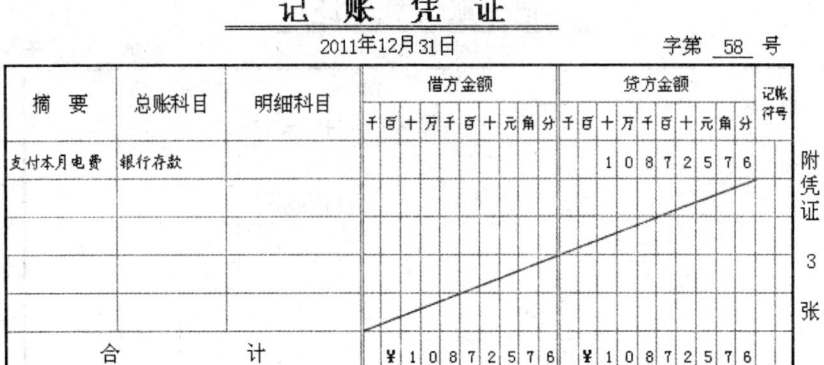

记 账 凭 证

2011年12月31日 　　字第 58 号

摘 要	总账科目	明细科目	借方金额									贷方金额									记帐符号
			千	百	十	万	千	百	十	元	角	分	千	百	十	万	千	百	十	元	角	分	
支付本月电费	银行存款													1	0	8	7	2	5	7	6	
合　　　计			¥	1	0	8	7	2	5	7	6		¥	1	0	8	7	2	5	7	6	

会计主管　　　　　记账　　　　　稽核　　　　　制单 李静

附凭证 3 张

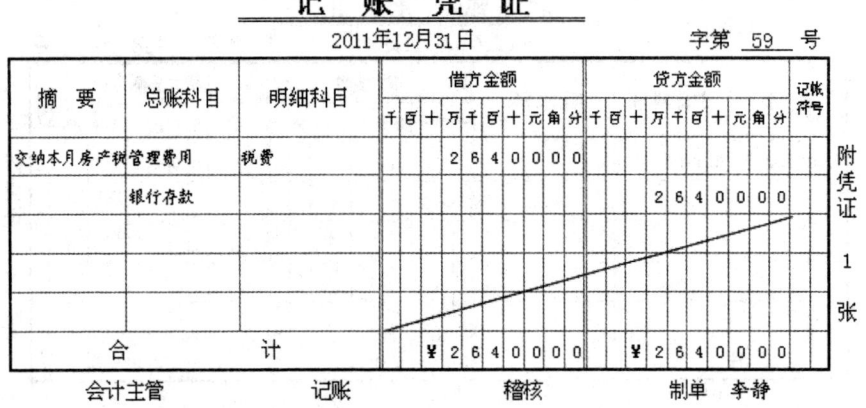

记 账 凭 证

2011年12月31日 　　字第 59 号

摘 要	总账科目	明细科目	借方金额									贷方金额									记帐符号
			千	百	十	万	千	百	十	元	角	分	千	百	十	万	千	百	十	元	角	分	
交纳本月房产税	管理费用	税费				2	6	4	0	0	0	0										
	银行存款															2	6	4	0	0	0	0	
合　　　计					¥	2	6	4	0	0	0	0			¥	2	6	4	0	0	0	0	

会计主管　　　　　记账　　　　　稽核　　　　　制单 李静

附凭证 1 张

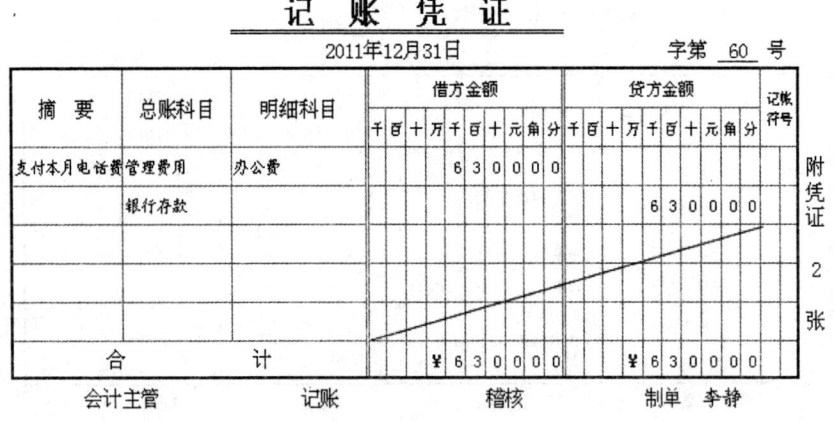

记 账 凭 证

2011年12月31日 　　字第 60 号

摘 要	总账科目	明细科目	借方金额									贷方金额									记帐符号
			千	百	十	万	千	百	十	元	角	分	千	百	十	万	千	百	十	元	角	分	
支付本月电话费	管理费用	办公费					6	3	0	0	0	0										
	银行存款																6	3	0	0	0	0	
合　　　计						¥	6	3	0	0	0	0				¥	6	3	0	0	0	0	

会计主管　　　　　记账　　　　　稽核　　　　　制单 李静

附凭证 2 张

记 账 凭 证

2011年12月31日　　　　　　字第 61 1/2 号

摘　要	总账科目	明细科目	借方金额										贷方金额										记帐符号
			千	百	十	万	千	百	十	元	角	分	千	百	十	万	千	百	十	元	角	分	
计提本月工资	生产成本	基本生产成本（无缝钢管）			3	6	0	0	0	0	0	0											
	生产成本	基本生产成本（高压锅炉管）			3	4	0	0	0	0	0	0											
	制造费用				1	3	0	0	0	0	0	0											
	生产成本	辅助生产成本（机修车间）			1	2	0	0	0	0	0	0											
	管理费用	工资及福利费			2	7	8	0	0	0	0	0											
合　　　计																							

会计主管　　　　记账　　　　　　稽核　　　　　制单　李静

附凭证

1

张

记 账 凭 证

2011年12月31日　　　　　　字第 61 2/2 号

摘　要	总账科目	明细科目	借方金额										贷方金额										记帐符号
			千	百	十	万	千	百	十	元	角	分	千	百	十	万	千	百	十	元	角	分	
计提本月工资	销售费用	工资及福利费			1	6	0	0	0	0	0	0											
	应付职工薪酬	工资												1	3	8	8	0	0	0	0	0	
合　　　计			¥	1	3	8	0	0	0	0	0	0	¥	1	3	8	8	0	0	0	0	0	

会计主管　　　　记账　　　　　　稽核　　　　　制单　李静

附凭证

1

张

记 账 凭 证

2011年12月31日　　　　　　字第 62 1/2 号

摘　要	总账科目	明细科目	借方金额										贷方金额										记帐符号
			千	百	十	万	千	百	十	元	角	分	千	百	十	万	千	百	十	元	角	分	
计提职工福利费	生产成本	基本生产成本（无缝钢管）				5	0	4	0	0	0	0											
	生产成本	基本生产成本（高压锅炉管）				4	7	6	0	0	0	0											
	制造费用					1	8	2	0	0	0	0											
	生产成本	辅助生产成本（机修车间）				1	6	8	0	0	0	0											
	管理费用	工资及福利费				3	8	9	2	0	0	0											
合　　　计																							

会计主管　　　　记账　　　　　　稽核　　　　　制单　李静

附凭证

1

张

记 账 凭 证

2011年12月31日 　　　　字第 62 2/2 号

摘要	总账科目	明细科目	借方金额 千	百	十	万	千	百	十	元	角	分	贷方金额 千	百	十	万	千	百	十	元	角	分	记账符号
计提职工福利费	销售费用	工资及福利费				2	2	4	0	0	0	0											
	应付职工薪酬	职工福利												1	9	4	3	2	0	0	0	
合　计			¥	1	9	4	3	2	0	0	0		¥	1	9	4	3	2	0	0	0		

附凭证 1 张

会计主管　　　　记账　　　　稽核　　　　制单 李静

记 账 凭 证

2011年12月31日 　　　　字第 63 1/2 号

摘要	总账科目	明细科目	借方金额 千	百	十	万	千	百	十	元	角	分	贷方金额 千	百	十	万	千	百	十	元	角	分	记账符号
计提工会经费和职工教育经	生产成本	基本生产成本（无缝钢管）				1	2	6	0	0	0	0											
	生产成本	基本生产成本（高压锅炉管）				1	1	9	0	0	0	0											
		制造费用					4	5	5	0	0	0											
	生产成本	辅助生产成本（机修车间）					4	2	0	0	0	0											
	管理费用	工资及福利费					9	7	3	0	0	0											
合　计																							

附凭证 1 张

会计主管　　　　记账　　　　稽核　　　　制单 李静

记 账 凭 证

2011年12月31日 　　　　字第 63 2/2 号

摘要	总账科目	明细科目	借方金额 千	百	十	万	千	百	十	元	角	分	贷方金额 千	百	十	万	千	百	十	元	角	分	记账符号
计提工会经费和职工教育经	销售费用	工资及福利费					5	6	0	0	0	0											
	应付职工薪酬	工会经费													2	7	7	6	0	0	0		
	应付职工薪酬	职工教育经费													2	0	8	2	0	0	0		
合　计				¥	4	8	5	8	0	0	0			¥	4	8	5	8	0	0	0	

附凭证 1 张

会计主管　　　　记账　　　　稽核　　　　制单 李静

记 账 凭 证

2011年12月31日 字第 64 1/3 号

摘 要	总账科目	明细科目	借方金额										贷方金额										记帐符号
---	---	---	千	百	十	万	千	百	十	元	角	分	千	百	十	万	千	百	十	元	角	分	
计提五险一金	生产成本	基本生产成本（无缝钢管）		1	5	9	1	2	0	0	0											
	生产成本	基本生产成本（高压锅炉管）		1	5	0	2	8	0	0	0											
	制造费用				5	7	4	6	0	0	0											
	生产成本	辅助生产成本（机修车间）			5	3	0	4	0	0	0											
	管理费用	工资及福利费		1	2	2	8	7	6	0	0											
合 计																							

会计主管　　　　记账　　　　　稽核　　　　制单 李静

附凭证 1 张

记 账 凭 证

2011年12月31日 字第 64 2/3 号

摘 要	总账科目	明细科目	借方金额										贷方金额										记帐符号
---	---	---	千	百	十	万	千	百	十	元	角	分	千	百	十	万	千	百	十	元	角	分	
计提五险一金	销售费用	工资及福利费			7	0	7	2	0	0	0											
	应付职工薪酬	住房公积金												1	6	6	5	6	0	0	0		
	应付职工薪酬	社会保险费（养老）												2	7	7	6	0	0	0	0		
	应付职工薪酬	社会保险费（医疗）												1	1	1	0	4	0	0	0		
	应付职工薪酬	社会保险费（失业）													2	7	7	6	0	0	0		
合 计																							

会计主管　　　　记账　　　　　稽核　　　　制单 李静

附凭证 1 张

记 账 凭 证

2011年12月31日 字第 64 3/3 号

摘 要	总账科目	明细科目	借方金额										贷方金额										记帐符号
---	---	---	千	百	十	万	千	百	十	元	角	分	千	百	十	万	千	百	十	元	角	分	
计提五险一金	应付职工薪酬	社会保险费（生育）														9	7	1	6	0	0		
	应付职工薪酬	社会保险费（工伤）													2	0	8	2	0	0	0		
合 计			¥	6	1	3	4	9	6	0	0		¥	6	1	3	4	9	6	0	0		

会计主管　　　　记账　　　　　稽核　　　　制单 李静

附凭证 1 张

记 账 凭 证

2011年12月31日 　　　字第 __65__ 号

摘 要	总账科目	明细科目	借方金额										贷方金额										记帐符号
			千	百	十	万	千	百	十	元	角	分	千	百	十	万	千	百	十	元	角	分	
转销应付账款	应付账款	石家庄浩宇有限公司				2	3	0	0	0	0												
		营业外收入														2	3	0	0	0	0	
合		计		¥	2	3	0	0	0	0				¥	2	3	0	0	0	0		

会计主管　　　　　记账　　　　　稽核　　　　　制单 李静

附凭证 1 张

记 账 凭 证

2011年12月31日 　　　字第 __66__ 号

摘 要	总账科目	明细科目	借方金额										贷方金额										记帐符号
			千	百	十	万	千	百	十	元	角	分	千	百	十	万	千	百	十	元	角	分	
向慈善总会捐款	营业外支出					2	0	0	0	0	0	0										
		银行存款														2	0	0	0	0	0	0
合		计		¥	2	0	0	0	0	0	0			¥	2	0	0	0	0	0	0	

会计主管　　　　　记账　　　　　稽核　　　　　制单 李静

附凭证 1 张

记 账 凭 证

2011年12月31日 　　　字第 67 1/2 号

摘 要	总账科目	明细科目	借方金额										贷方金额										记帐符号
			千	百	十	万	千	百	十	元	角	分	千	百	十	万	千	百	十	元	角	分	
计提固定资产折旧	制造费用					9	4	6	5	5	0	0										
	生产成本	辅助生产成本(机修车间)				2	2	4	9	0	0	0										
	管理费用	折旧及摊销				2	3	8	7	5	0	0										
	销售费用	折旧及摊销					8	4	7	5	0	0										
	累计折旧														1	4	9	4	9	5	0	0
合		计		¥	1	4	9	4	9	5	0	0		¥	1	4	9	4	9	5	0	0

会计主管　　　　　记账　　　　　稽核　　　　　制单 李静

附凭证 1 张

记 账 凭 证

2011年12月31日   字第 67 2/2 号

摘 要	总账科目	明细科目	借方金额										贷方金额										记帐符号
			千	百	十	万	千	百	十	元	角	分	千	百	十	万	千	百	十	元	角	分	
计提无形资产摊销	管理费用	折旧及摊销				6	0	0	0	0	0												
		累计摊销														6	0	0	0	0	0		
合 计					¥	6	0	0	0	0	0				¥	6	0	0	0	0	0		

会计主管   记账   稽核   制单 李静

附凭证 1 张

记 账 凭 证

2011年12月31日   字第 68 1/2 号

摘 要	总账科目	明细科目	借方金额										贷方金额										记帐符号
			千	百	十	万	千	百	十	元	角	分	千	百	十	万	千	百	十	元	角	分	
领用原材料	生产成本	基本生产成本（无缝钢管）		1	1	9	2	5	6	0	0	0											
	生产成本	基本生产成本（高压锅炉管）		1	5	1	7	2	6	0	0	0											
	生产成本	辅助生产成本（机修车间）				4	3	0	0	0	0	0											
	原材料	10#圆钢												1	8	0	5	0	0	0	0	0	
	原材料	20#圆钢													8	7	9	1	2	0	0	0	
合 计																							

会计主管   记账   稽核   制单 李静

附凭证 张

记 账 凭 证

2011年12月31日   字第 68 2/2 号

摘 要	总账科目	明细科目	借方金额										贷方金额										记帐符号
			千	百	十	万	千	百	十	元	角	分	千	百	十	万	千	百	十	元	角	分	
领用原材料	原材料	抗磨液压油															1	5	4	0	0	0	
	原材料	黄油																9	0	0	0	0	
	周转材料	低值易耗品（工作服）																5	6	0	0	0	
合 计			¥	2	7	1	4	1	2	0	0	0	¥	2	7	1	4	1	2	0	0	0	

会计主管   记账   稽核   制单 李静

附凭证 张

记 账 凭 证

2011年12月31日 　　　　字第 69 1/2 号

摘 要	总账科目	明细科目	借方金额									贷方金额									记帐符号
			千	百	十	万	千	百	十	元	角	分	千	百	十	万	千	百	十	元	角	分	
分配辅助生产成本	生产成本	基本生产成本（无缝钢管）				8	5	6	8	0	0	0											
	生产成本	基本生产成本（高压锅炉管）			1	3	8	7	2	0	0	0											
		制造费用				9	7	9	2	0	0												
	管理费用	辅助生产费用				6	5	2	8	0	0												
	销售费用					4	0	8	0	0	0												
合　　　计																							

会计主管　　　　记账　　　　稽核　　　　制单 李静

附凭证 1 张

记 账 凭 证

2011年12月日 　　　　字第 69 2/2 号

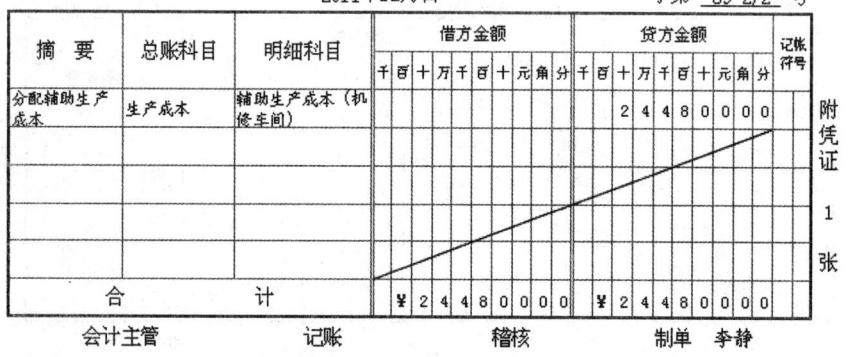

摘 要	总账科目	明细科目	借方金额									贷方金额									记帐符号
			千	百	十	万	千	百	十	元	角	分	千	百	十	万	千	百	十	元	角	分	
分配辅助生产成本	生产成本	辅助生产成本（机修车间）												2	4	4	8	0	0	0	0	
合　　　计			¥	2	4	4	8	0	0	0	0		¥	2	4	4	8	0	0	0	0	

会计主管　　　　记账　　　　稽核　　　　制单 李静

附凭证 1 张

记 账 凭 证

2011年12月31日 　　　　字第 70 号

摘 要	总账科目	明细科目	借方金额									贷方金额									记帐符号
			千	百	十	万	千	百	十	元	角	分	千	百	十	万	千	百	十	元	角	分	
分配制造费用	生产成本	基本生产成本（无缝钢管）			1	9	9	3	6	7	2	2											
	生产成本	基本生产成本（高压锅炉管）			2	3	4	0	3	9	7	8											
		制造费用												4	3	3	4	0	7	0	0	
合　　　计			¥	4	3	3	4	0	7	0	0		¥	4	3	3	4	0	7	0	0	

会计主管　　　　记账　　　　稽核　　　　制单 李静

附凭证 1 张

记 账 凭 证

2011年12月31日　　　　　　　　　字第　71　号

摘 要	总账科目	明细科目	借方金额										贷方金额										记帐符号
			千	百	十	万	千	百	十	元	角	分	千	百	十	万	千	百	十	元	角	分	
结转完工入库产品成本	库存商品	无缝钢管		2	0	0	4	3	7	9	0	0											
	库存商品	高压锅炉管		2	4	2	6	7	9	5	0	0											
	生产成本	基本生产成本（无缝钢管）												2	0	0	4	3	7	9	0	0	
		基本生产成本（高压锅炉管）												2	4	2	6	7	9	5	0	0	
合　　计			¥	4	4	3	1	1	7	4	0	0	¥	4	4	3	1	1	7	4	0	0	

会计主管　　　　　记账　　　　　稽核　　　　　制单　李静

附凭证 1 张

记 账 凭 证

2011年12月31日　　　　　　　　　字第　72　号

摘 要	总账科目	明细科目	借方金额										贷方金额										记帐符号
			千	百	十	万	千	百	十	元	角	分	千	百	十	万	千	百	十	元	角	分	
结转本月未交增值税	应交税费	应交增值税（未交增值税）			1	8	7	8	8	6	2	4											
	应交税费	未交增值税													1	8	7	8	8	6	2	4	
合　　计			¥		1	8	7	8	8	6	2	4	¥		1	8	7	8	8	6	2	4	

会计主管　　　　　记账　　　　　稽核　　　　　制单　李静

附凭证 1 张

记 账 凭 证

2011年12月31日　　　　　　　　　字第　73　号

摘 要	总账科目	明细科目	借方金额										贷方金额										记帐符号
			千	百	十	万	千	百	十	元	角	分	千	百	十	万	千	百	十	元	角	分	
计提本月应负担的城建税、	营业税金及附加				1	8	7	8	8	6	3												
	应交税费	应交城建税													1	3	1	5	2	0	4		
		应交教育费附加														5	6	3	6	5	9		
合　　计			¥		1	8	7	8	8	6	3		¥		1	8	7	8	8	6	3		

会计主管　　　　　记账　　　　　稽核　　　　　制单　李静

附凭证 1 张

记 账 凭 证

2011年12月31日　　　　　　　字第 74 号

摘要	总账科目	明细科目	借方金额										货方金额										记帐符号
			千	百	十	万	千	百	十	元	角	分	千	百	十	万	千	百	十	元	角	分	
结转本月已销产品成本	主营业务成本	无缝钢管			6	5	6	2	3	8	0	9											
	主营业务成本	高压锅炉管		1	1	3	1	5	7	5	3	4											
	库存商品	无缝钢管													6	5	6	2	3	8	0	9	
	库存商品	高压锅炉管												1	1	3	1	5	7	5	3	4	
合　　　计			¥	1	7	8	7	8	1	3	4	3	¥	1	7	8	7	8	1	3	4	3	

会计主管　　　　记账　　　　　稽核　　　　　制单 李静　　　附凭证 1 张

记 账 凭 证

2011年12月31日　　　　　　　字第 75 号

摘要	总账科目	明细科目	借方金额										货方金额										记帐符号
			千	百	十	万	千	百	十	元	角	分	千	百	十	万	千	百	十	元	角	分	
计提固定资产减值准备	资产减值损失				9	0	0	0	0	0													
	固定资产减值准备														9	0	0	0	0	0			
合　　　计					¥	9	0	0	0	0	0				¥	9	0	0	0	0	0		

会计主管　　　　记账　　　　　稽核　　　　　制单 李静　　　附凭证 1 张

记 账 凭 证

2011年12月31日　　　　　　　字第 76 号

摘要	总账科目	明细科目	借方金额										货方金额										记帐符号
			千	百	十	万	千	百	十	元	角	分	千	百	十	万	千	百	十	元	角	分	
计提坏账准备	资产减值损失					8	0	5	7	0	1												
	坏账准备																8	0	5	7	0	1	
合　　　计					¥	8	0	5	7	0	1			¥	8	0	5	7	0	1			

会计主管　　　　记账　　　　　稽核　　　　　制单 李静　　　附凭证 1 张

记 账 凭 证

2011年12月31日　　　　　　字第 __77__ 号

摘 要	总账科目	明细科目	借方金额 千	百	十	万	千	百	十	元	角	分	贷方金额 千	百	十	万	千	百	十	元	角	分	记帐符号
结转各损益类账户金额	主营业务收入			3	7	5	4	5	0	0	0	0											
	营业外收入						2	3	0	0	0	0											
	本年利润													3	7	5	6	8	0	0	0	0	
合　　　计			¥	3	7	5	6	8	0	0	0	0	¥	3	7	5	6	8	0	0	0	0	

会计主管　　　　记账　　　　稽核　　　　制单 李静

附凭证 张

记 账 凭 证

2011年12月31日　　　　　　字第 __78 1/2__ 号

摘 要	总账科目	明细科目	借方金额 千	百	十	万	千	百	十	元	角	分	贷方金额 千	百	十	万	千	百	十	元	角	分	记帐符号
结转各损益类账户金额	本年利润			2	7	1	2	9	2	1	0	7											
	主营业务成本													1	7	8	7	8	1	3	4	3	
	营业税金及附加															1	8	7	8	8	6	3	
	管理费用														5	3	7	8	9	1	0	0	
	销售费用														3	0	9	9	7	1	0	0	
合　　　计																							

会计主管　　　　记账　　　　稽核　　　　制单 李静

附凭证 张

记 账 凭 证

2011年12月31日　　　　　　字第 __78 2/2__ 号

摘 要	总账科目	明细科目	借方金额 千	百	十	万	千	百	十	元	角	分	贷方金额 千	百	十	万	千	百	十	元	角	分	记帐符号
结转各损益类账户余额	财务费用															1	2	6	0	0	0	0	
	资产减值损失															1	7	0	5	7	0	1	
	营业外支出															2	8	8	0	0	0	0	
合　　　计			¥	2	7	1	2	9	2	1	0	7	¥	2	7	1	2	9	2	1	0	7	

会计主管　　　　记账　　　　稽核　　　　制单 李静

附凭证 张

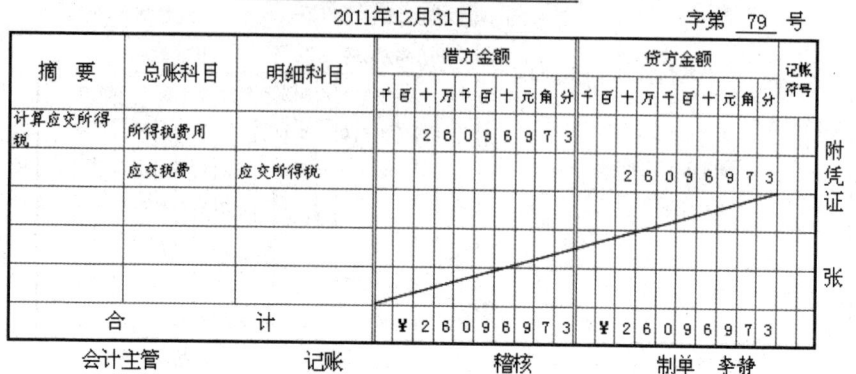

记 账 凭 证

2011年12月31日　　　　　　字第 79 号

摘要	总账科目	明细科目	借方金额										贷方金额										记账符号
			千	百	十	万	千	百	十	元	角	分	千	百	十	万	千	百	十	元	角	分	
计算应交所得税	所得税费用				2	6	0	9	6	9	7	3											
	应交税费	应交所得税													2	6	0	9	6	9	7	3	
合　　　计			¥		2	6	0	9	6	9	7	3	¥		2	6	0	9	6	9	7	3	

会计主管　　　　记账　　　　稽核　　　　制单 李静

附凭证　　张

记 账 凭 证

2011年12月31日　　　　　　字第 80 号

摘　要	总账科目	明细科目	借方金额										贷方金额										记账符号
			千	百	十	万	千	百	十	元	角	分	千	百	十	万	千	百	十	元	角	分	
将所得税费用结转"本年利"	本年利润				2	6	0	9	6	9	7	3											
		所得税费用													2	6	0	9	6	9	7	3	
合　　　计			¥		2	6	0	9	6	9	7	3	¥		2	6	0	9	6	9	7	3	

会计主管　　　　记账　　　　稽核　　　　制单 李静

附凭证　　张

记 账 凭 证

2011年12月31日　　　　　　字第 81 号

摘　要	总账科目	明细科目	借方金额										贷方金额										记账符号
			千	百	十	万	千	百	十	元	角	分	千	百	十	万	千	百	十	元	角	分	
结转净利润	本年利润				7	8	2	9	0	9	2	0											
	利润分配	未分配利润													7	8	2	9	0	9	2	0	
合　　　计			¥		7	8	2	9	0	9	2	0	¥		7	8	2	9	0	9	2	0	

会计主管　　　　记账　　　　稽核　　　　制单 李静

附凭证　　张

记 账 凭 证

2011年12月31日　　　　　　　字第 82 号

摘　要	总账科目	明细科目	借方金额									贷方金额									记帐符号
			千	百	十	万	千	百	十	元	角	分	千	百	十	万	千	百	十	元	角	分	
提取盈余公积	利润分配	提取法定盈余公积				7	8	2	9	0	9	2											
	利润分配	提取任意盈余公积				3	9	1	4	5	4	6											
	盈余公积	法定盈余公积														7	8	2	9	0	9	2	
	盈余公积	任意盈余公积														3	9	1	4	5	4	6	
合　　　　计				¥	1	1	7	4	3	6	3	8		¥	1	1	7	4	3	6	3	8	

会计主管　　　　　记账　　　　　　稽核　　　　　制单 李静

附凭证 张

记 账 凭 证

2011年12月31日　　　　　　　字第 83 号

摘　要	总账科目	明细科目	借方金额									贷方金额									记帐符号
			千	百	十	万	千	百	十	元	角	分	千	百	十	万	千	百	十	元	角	分	
向投资者分配利润	利润分配	应付利润			2	7	4	0	1	8	2	2											
	应付利润														2	7	4	0	1	8	2	2	
合　　　　计				¥	2	7	4	0	1	8	2	2	¥	2	7	4	0	1	8	2	2	

会计主管　　　　　记账　　　　　　稽核　　　　　制单 李静

附凭证 张

记 账 凭 证

2011年12月31日　　　　　　　字第 84 号

摘　要	总账科目	明细科目	借方金额									贷方金额									记帐符号
			千	百	十	万	千	百	十	元	角	分	千	百	十	万	千	百	十	元	角	分	
结转利润分配明细账户	利润分配	未分配利润				3	9	1	4	5	4	6	0										
	利润分配	提取法定盈余公积															7	8	2	9	0	9	2	
	利润分配	提取任意盈余公积															3	9	1	4	5	4	6	
	利润分配	应付利润															2	7	4	0	1	8	2	2	
合　　　　计				¥	3	9	1	4	5	4	6	0	¥	3	9	1	4	5	4	6	0	

会计主管　　　　　记账　　　　　　稽核　　　　　制单 李静

附凭证 张

8.2 会计账簿的登记

登记会计账簿是会计实务操作的一个重要环节，会计账簿能为企业日常经营管理提供分类的会计信息和定期编制会计报表的数据。在这个环节上，会计人员要登记日记账、明细账簿和总分类账簿。

8.2.1 日记账簿的登记

（1）库存现金日记账的登记（如图 8-1 所示）。

库存现金　日记账

2011年		凭证		摘要	对方科目	借方	贷方	借或贷	余额
月	日	种类	号数			千百十万千百十元角分	千百十万千百十元角分		千百十万千百十元角分
12	1			期初余额				借	2820.00
12	1	记	2	报销差旅费	管理费用		460.00	借	2360.00
12	5	记	15	购买打印纸	管理费用		680.00	借	1680.00
12	8	记	24	提现	银行存款	3000.00		借	4680.00
12	8	记	25	支付审计费	管理费用		800.00	借	3880.00
12	10	记	27	支付业务招待费	管理费用		1800.00	借	2080.00
12	10	记	28	现金短缺	待处理财产损溢		100.00	借	1980.00
12	12	记	30	提现	银行存款	3000.00		借	4980.00
12	12	记	31	预借差旅费	其他应收款		1500.00	借	3480.00
12	13	记	32	报销职工培训费	应付职工薪酬		900.00	借	2580.00
12	14	记	34	报销差旅费	管理费用	140.00		借	2720.00
12	19	记	39	购买印花税票	管理费用		530.00	借	2190.00
12	24	记	45	收到变价收入	固定资产清理	1200.00		借	3390.00
12	27	记	52	发放职工困难补助	应付职工薪酬		2000.00	借	1390.00
				本月合计		7340.00	8770.00	借	1390.00

图 8-1　库存现金日记账

（2）银行存款日记账的登记（如图 8-2 和图 8-3 所示）。

8.2.2 明细分类账簿的登记

明细分类账是根据总账所属的明细账户开设账页，分类、连续地登记经济业务，为企业经营管理提供详细、具体的核算资料。由于企业经济业务纷繁复杂，所以明细账分类账页也很多，本节由于篇幅的原因，我们只选择有代表性的、发生业务频繁的一些明细账页来登记。

银行存款 日记账

2011年 月	日	凭证 种类	号数	摘要	对方科目	借方	贷方	借或贷	余额
12	1	记		期初余额				借	18223400.00
12	1	记	1	购买原材料	原材料		3849720.00	借	14373680.00
12	2	记	3	收到前欠货款	应收账款	340000.00		借	14713680.00
12	2	记	4	归还短期借款	短期借款		5000000.00	借	9713680.00
12	3	记	6	支付前欠货款	应付账款		2800000.00	借	6913680.00
12	3	记	7	收到投资款	实收资本	10000000.00		借	16913680.00
12	3	记	9	收到票款	应收票据	8900000.00		借	25813680.00
12	4	记	10	收到到期票款	应收票据	500000.00		借	26313680.00
12	4	记	11	支付上月工资	应付职工薪酬		10374100.00	借	15939580.00
12	4	记	12	支付上月社会保险费	应付职工薪酬		8054660.00	借	7884920.00
12	4	记	13	买电脑、打印机	固定资产		1146600.00	借	6738320.00
12	5	记	14	销售无缝钢管	应收账款		67000.00	借	6671320.00
12	6	记	17	交纳增值税、城建税	应交税费		647900.00	借	6023420.00
12	6	记	18	支付宣传彩页印刷费	销售费用		26000.00	借	5997420.00
12	6	记	20	预收购货款	预收账款	5000000.00		借	10997420.00
12	7	记	21	收到前欠货款	应收账款	1385280.00		借	12382700.00
12	8	记	22	支付维修费	管理费用		32760.00	借	12349940.00
12	8	记	23	预付货款	预付账款		4000000.00	借	8349940.00
12	8	记	24	提现	库存现金		30000.00	借	8319940.00
12	12	记	30	提现	库存现金		30000.00	借	8289940.00
12	14	记	33	预付款购入材料	原材料		563000.00	借	7726940.00
				过次页		2612528.00	3662174.00	借	7726940.00

图 8-2 银行存款日记账

银行存款 日记账

2011年 月	日	凭证 种类	号数	摘要	对方科目	借方	贷方	借或贷	余额
				承前页		2612528.00	3662174.00	借	7726940.00
12	16	记	35	支付法律咨询费	管理费用		50000.00	借	7676940.00
12	16	记	36	收到补付的货款	预收账款	2371000.00		借	10047940.00
12	18	记	38	支付广告费	销售费用		350000.00	借	9697940.00
12	21	记	41	支付本季度借款利息	财务费用		378000.00	借	9319940.00
12	21	记	42	支付下年报刊费	管理费用		24200.00	借	9295740.00
12	23	记	44	购买工作服	周转材料		93600.00	借	9202140.00
12	24	记	47	购入钢管机一台	在建工程		7020000.00	借	2182140.00
12	25	记	48	支付钢管机安装费	在建工程		50000.00	借	2132140.00
12	26	记	51	购入专利技术	无形资产		900000.00	借	1232140.00
12	28	记	53	销售产品	主营业务收入	18784350.00		借	20016490.00
12	31	记	56	支付本月水费	制造费用		602290.00	借	19414200.00
12	31	记	58	支付本月电费	制造费用		1087257.60	借	18326942.40
12	31	记	59	交纳本月房产税	管理费用		264000.00	借	18062942.40
12	31	记	60	支付本月电话费	管理费用		63000.00	借	17999942.40
12	31	记	66	向慈善总会捐款	营业外支出		200000.00	借	17799942.40
				本月合计		4728063.00	4770408.76	借	17799942.40

图 8-3 银行存款日记账

（1）往来款项明细账。

①应收账款明细账（如图 8-4 至图 8-8 所示）。

应收账款　明细账

二级科目及名称　秦皇岛机械厂

2011年		凭证		摘要	对方科目	借方										贷方										借或贷	余额									
月	日	种类	号数			千	百	十	万	千	百	十	元	角	分	千	百	十	万	千	百	十	元	角	分		千	百	十	万	千	百	十	元	角	分
12	1			期初余额																						借		1	2	0	0	0	0	0	0	0

图 8-4　应收账款明细账

应收账款　明细账

二级科目及名称　承德华宇机械厂

2011年		凭证		摘要	对方科目	借方										贷方										借或贷	余额									
月	日	种类	号数			千	百	十	万	千	百	十	元	角	分	千	百	十	万	千	百	十	元	角	分		千	百	十	万	千	百	十	元	角	分
12	1			期初余额																						借			3	4	0	0	0	0	0	0
12	2	记	3	收到前欠货款	银行存款													3	4	0	0	0	0	0	0	平									0	

图 8-5　应收账款明细账

应收账款　明细账

二级科目及名称　河北工程安装

2011年		凭证		摘要	对方科目	借方										贷方										借或贷	余额									
月	日	种类	号数			千	百	十	万	千	百	十	元	角	分	千	百	十	万	千	百	十	元	角	分		千	百	十	万	千	百	十	元	角	分
12	1			期初余额																						借			7	8	0	0	0	0	0	0

图 8-6　应收账款明细账

应收账款　明细账

二级科目及名称　承德泰华锅炉厂

2011年		凭证		摘要	对方科目	借方										贷方										借或贷	余额									
月	日	种类	号数			千	百	十	万	千	百	十	元	角	分	千	百	十	万	千	百	十	元	角	分		千	百	十	万	千	百	十	元	角	分
12	3	记	5	销售高压锅炉管	主营业务收入				1	3	8	5	2	8	0	0										借				1	3	8	5	2	8	0	0
12	7	记	21	收到前欠货款	应收账款														1	3	8	5	2	8	0	0	平									0	
12	20	记	40	销售高压锅炉管	主营业务收入				1	4	7	1	8	6	0	0	0										借				1	4	7	1	8	6	0	0	0

图 8-7　应收账款明细账

应收账款　明细账

二　级科目及名称　廊坊中央空调

2011年		凭证		摘　要	对方科目	借方										贷方										借或贷	余额									
月	日	种类	号数			千	百	十	万	千	百	十	元	角	分	千	百	十	万	千	百	十	元	角	分		千	百	十	万	千	百	十	元	角	分
12	5	记	14	销售无缝钢管	主营业务收入			1	7	3	5	4	2	0	0											借			1	7	3	5	4	2	0	0

图 8-8　应收账款明细账

②应付账款明细账（如图 8-9 至图 8-13 所示）。

应付账款　明细账

二　级科目及名称　唐山众鑫钢铁

2011年		凭证		摘　要	对方科目	借方										贷方										借或贷	余额									
月	日	种类	号数			千	百	十	万	千	百	十	元	角	分	千	百	十	万	千	百	十	元	角	分		千	百	十	万	千	百	十	元	角	分
12	1			期初余额																						贷		2	8	0	0	0	0	0	0
12	3	记	6	支付前欠货款	银行存款		2	8	0	0	0	0	0	0												平									0

图 8-9　应付账款明细账

应付账款　明细账

二　级科目及名称　唐山中吴钢材厂

2011年		凭证		摘　要	对方科目	借方										贷方										借或贷	余额									
月	日	种类	号数			千	百	十	万	千	百	十	元	角	分	千	百	十	万	千	百	十	元	角	分		千	百	十	万	千	百	十	元	角	分
12	1			期初余额																						贷				8	4	3	9	0	0

图 8-10　应付账款明细账

应付账款　明细账

二　级科目及名称　石家庄浩宇有限公司

2011年		凭证		摘　要	对方科目	借方										贷方										借或贷	余额									
月	日	种类	号数			千	百	十	万	千	百	十	元	角	分	千	百	十	万	千	百	十	元	角	分		千	百	十	万	千	百	十	元	角	分
12	1			期初余额																						贷					2	3	0	0	0	0
12	31	记	65	转销应付账款	营业外收入				2	3	0	0	0	0												平									0

图 8-11　应付账款明细账

应付账款　明细账

二　级科目及名称　辽宁恒大钢铁

2011年		凭证		摘　要	对方科目	借方	贷方	借或贷	余额
月	日	种类	号数			千百十万千百十元角分	千百十万千百十元角分		千百十万千百十元角分
12	1			期初余额				贷	6 8 0 0 0 0
12	3	记	8	购买原材料	在途物资		7 6 3 3 0 8 0 0	贷	8 3 1 3 0 8 0 0
12	17	记	37	支付前欠货款	应付票据	7 6 3 3 0 8 0		贷	6 8 0 0 0 0

图 8-12　应付账款明细账

应付账款　明细账

二　级科目及名称　唐山东方钢铁

2011年		凭证		摘　要	对方科目	借方	贷方	借或贷	余额
月	日	种类	号数			千百十万千百十元角分	千百十万千百十元角分		千百十万千百十元角分
12	5	记	16	购买原材料	原材料		1 8 9 5 4 0 0 0	贷	1 8 9 5 4 0 0 0

图 8-13　应付账款明细账

（2）原材料明细账（如图 8-14 至图 8-17 所示）。

最高存量＿＿＿＿＿　最低存量＿＿＿＿＿　编号＿＿＿　规格　10#

原材料明细账

本账页数＿＿＿＿＿　本户页数＿＿＿＿＿　单位　吨　名称　10#圆钢

2011年		凭证号数	摘　要	账页	借　方		金额	贷　方		金额	结　存		金额
月	日				数量	单价	千百十万千百十元角分	数量	单价	千百十万千百十元角分	数量	单价	千百十万千百十元角分
12	1		期初余额								380	2300	8 7 4 0 0 0 0 0
12	1		购买原材料		120	2752.5	3 3 0 3 0 0 0 0				500		
12	2		生产无缝钢管					80			420		
12	4		生产无缝钢管					100			320		
12	6		生产高压锅炉管					120			200		
12	6		材料验收入库		280	2330	6 5 2 4 0 0 0 0				480		
12	9		生产无缝钢管					90			390		
12	9		生产高压锅炉管					80			310		
12	14		生产无缝钢管					70			240		
12	19		生产高压锅炉管					150			90		
12	23		生产高压锅炉管					70			20		
12	29		材料验收入库		120	2340	2 8 0 8 0 0 0 0				140		
12	31		本月合计		520		1 2 6 3 5 0 0 0 0	760	2375	1 8 0 5 0 0 0 0 0	140	2375	3 3 2 5 0 0 0 0

图 8-14　10#圆钢明细账

原材料明细账

最高存量＿＿＿＿　最低存量＿＿＿＿　本账页数＿＿＿＿　本户页数＿＿＿＿

编号＿＿　规格 20#　单位　吨　名称　20#圆钢

2011年 月	日	凭证号数	摘要	账页	借方 数量	单价	金额	贷方 数量	单价	金额	结存 数量	单价	金额
12	1		期初余额								300	2600	78000000
12	2		生产无缝钢管					40			260		
12	4		生产无缝钢管					50			210		
12	5		购买原材料		50	3240	16200000				260		
12	6		生产高压锅炉管					60			200		
12	7		生产无缝钢管					30			170		
12	9		生产高压锅炉管					30			140		
12	14		预付款购入材料		150	2600	39000000				290		
12	14		生产无缝钢管					20			270		
12	19		生产高压锅炉管					70			170		
12	23		生产高压锅炉管					30			170		
12	31		本月合计		200		55200000	330	2664	87912000	170	2664	45288000

图 8-15　20#圆钢明细账

原材料明细账

最高存量＿＿＿＿　最低存量＿＿＿＿　本账页数＿＿＿＿　本户页数＿＿＿＿

编号＿＿　规格＿＿　单位　吨　名称　抗磨液压油

2011年 月	日	凭证号数	摘要	账页	借方 数量	单价	金额	贷方 数量	单价	金额	结存 数量	单价	金额
12	1		期初余额								16	1400	2240000
12	2		机修车间领料					2			14		
12	14		生产无缝钢管					4			10		
12	25		生产高压锅炉管					5			5		
12	31		本月合计					11	1400	1540000	5	1400	700000

图 8-16　抗磨液压油明细账

原材料明细账

最高存量＿＿＿＿　最低存量＿＿＿＿　本账页数＿＿＿＿　本户页数＿＿＿＿

编号＿＿　规格＿＿　单位　吨　名称　黄油

2011年 月	日	凭证号数	摘要	账页	借方 数量	单价	金额	贷方 数量	单价	金额	结存 数量	单价	金额
12	1		期初余额								8	1500	1200000
12	14		生产无缝钢管					2			6		
12	19		机修车间领料					1			5		
12	25		生产高压锅炉管					3			2		
12	31		本月合计					6	1500	900000	2	1500	300000

图 8-17　黄油明细账

（3）库存商品明细账（如图 8-18 至图 8-19 所示）。

最高存量 _____
最低存量 _____
编号 _____ 规格 _____

库存商品明细账

本账页数 _____
本户页数 _____
单位 吨　名称 无缝钢管

2011年 月	日	凭证号数	摘要	账页	借方 数量	借方 单价	借方 金额	贷方 数量	贷方 单价	贷方 金额	结存 数量	结存 单价	结存 金额
12	1		期初余额								300	3075	92250000
12	5		销售					23			277		
12	9		销售					100			177		
12	20		完工入库		300						477		
12	28		销售					90			387		
12	31		完工入库		350						737		
12	31		本月合计		650	3083.66	200437900	213	3080.93	65623809	737	3080.93	227064091

图 8-18　无缝钢管明细账

最高存量 _____
最低存量 _____
编号 _____ 规格 _____

库存商品明细账

本账页数 _____
本户页数 _____
单位 吨　名称 高压锅炉管

2011年 月	日	凭证号数	摘要	账页	借方 数量	借方 单价	借方 金额	贷方 数量	贷方 单价	贷方 金额	结存 数量	结存 单价	结存 金额
12	1		期初余额								230	3484	80132000
12	3		销售					16			214		
12	20		销售					170			44		
12	20		完工入库		350						394		
12	28		销售					140			254		
12	31		完工入库		350						604		
12	31		本月合计		700	3466.85	242679500	326	3471.09	113157534	604	3471.09	209653966

图 8-19　高压锅炉管明细账

（4）生产成本明细账（如图 8-20 至图 8-23 所示）。

生产成本　明细账

产品名称 无缝钢管

2011年 月	日	凭证号数	摘要	借方	贷方	借或贷	余额
12	1		期初余额			借	6800000
12	31	记61	计提本月工资	36000000		借	4280000
12	31	记62	计提本月职工福利费	5040000		借	4784000
12	31	记63	计提工会经费和职工教育经费	1260000		借	4910000
12	31	记64	计提五险一金	15912000		借	65012000
12	31	记67	领用原材料	119256000		借	184268000
12	31	记69	分配辅助生产成本	8568000		借	192836000
12	31	记70	分配制造费用	19936722		借	212772722
12	31	记71	结转完工入库产品成本		200437900	借	12334822
			本月合计	205972722	200437900	借	12334822

图 8-20　生产成本—无缝钢管明细账

规格 ＿＿＿＿＿

借　方　金　额　分　析

直接材料	直接人工	制造费用	合　计
310000.00	230000.00	140000.00	680000.00
	3600000.00		3600000.00
	504000.00		504000.00
	126000.00		126000.00
	1591200.00		1591200.00
1192560.00			1192560.00
		85680.00	85680.00
		199367.22	199367.22
1152632.00	570037.00	281710.00	2004379.00
70928.00	35083.00	17337.22	123348.22

图 8-21　生产成本—无缝钢管明细账

生产成本　明细账

产品名称　高压锅炉管

2011年 月	日	凭证号数	摘　要	借　方	贷　方	借或贷	余　额
12	1		期初余额			借	91000.00
12	31	记61	计提本月工资	340000.00		借	431000.00
12	31	记82	计提本月职工福利费	47600.00		借	478600.00
12	31	记83	计提工会经费和职工教育经费	11900.00		借	490500.00
12	31	记84	计提五险一金	150280.00		借	640780.00
12	31	记67	领用原材料	1517260.00		借	2158040.00
12	31	记69	分配辅助生产成本	138720.00		借	2296760.00
12	31	记70	分配制造费用	234039.78		借	2530799.78
12	31	记71	结转完工入库产品成本		2426795.00	借	104004.78
			本月合计	2439799.78	2426795.00	借	104004.78

图 8-22　生产成本—高压锅炉管明细账

规格

直接材料	直接人工	制造费用	合计
500000.00	280000.00	130000.00	910000.00
	340000.00		340000.00
	476000.00		476000.00
	119000.00		119000.00
	150280.00		150280.00
1517260.00			1517260.00
		138720.00	138720.00
		234039.78	234039.78
1502851.00	554036.00	369908.00	2426795.00
64409.00	23744.00	15851.78	104004.78

(借方金额分析——直接材料／直接人工／制造费用／合计，单位按千百十万千百十元角分列示)

图 8-23　生产成本—高压锅炉管明细账

8.2.3　总分类账簿的登记

（1）"丁字账"的制作。

将本月发生的全部业务，根据前面的记账凭证，制作"丁字账"，由于篇幅有限，在此略去本月丁字账页示范登记过程，请参看第 3 章的登记方法，自行登记练习，熟练掌握。

（2）科目汇总表的编制。

根据本月编制的记账凭证，将所有科目的发生额汇总如表 8-126 所示。

表 8-126　科目汇总表

科汇第 1 号　　　　2011 年 12 月 1 日至 12 月 31 日　　　　　　　单位：元

科目名称	借方发生额	贷方发生额
原材料	1815500.00	2708520.00
应交税费	713605.00	1116459.60
银行存款	4728063.00	4770408.76
管理费用	537891.00	537891.00

续表

科目名称	借方发生额	贷方发生额
其他应收款	1600.00	2500.00
库存现金	7340.00	8770.00
应收账款	1783930.00	172528.00
短期借款	500000.00	0.00
主营业务收入	3754500.00	3754500.00
应付账款	1045608.00	952848.00
实收资本	0.00	1000000.00
在途物资	933200.00	933200.00
应收票据	0.00	940000.00
应付职工薪酬	1845776.00	2244396.00
其他应付款	230040.00	230040.00
固定资产	703000.00	60000.00
销售费用	309971.00	309971.00
预收账款	737100.00	737100.00
预付账款	400000.00	400000.00
待处理财产损溢	100.00	100.00
应付票据	0.00	1091844.00
财务费用	12600.00	12600.00
应付利息	25200.00	0.00
固定资产清理	10000.00	10000.00
累计折旧	50000.00	149495.00
周转材料	8000.00	5600.00
营业外支出	28800.00	28800.00
在建工程	605000.00	605000.00
无形资产	90000.00	0.00
制造费用	433407.00	433407.00
生产成本	4744327.00	4675974.00
营业外收入	2300.00	2300.00
累计摊销	0.00	6000.00
库存商品	4431174.00	1787813.43
营业税金及附加	18788.63	18788.63
主营业务成本	1787813.43	1787813.43
资产减值损失	17057.01	17057.01
固定资产减值准备	0.00	9000.00
坏账准备	0.00	8057.01
本年利润	3756800.00	3756800.00
所得税费用	260969.73	260969.73
利润分配	782909.20	1174363.80

续表

科目名称	借方发生额	贷方发生额
盈余公积	0.00	117436.38
应付利润	0.00	274018.22
合　计	37112370.00	37112370.00

（3）总账的登记（如图 8-24 至图 8-30 所示）。

总 分 类 账

2011 年度　　　编号（　）　　　科目　库存现金

2011年		凭证		摘　要	对方科目	借方										贷方										借或贷	余额									
月	日	种类	号数			千	百	十	万	千	百	十	元	角	分	千	百	十	万	千	百	十	元	角	分		千	百	十	万	千	百	十	元	角	分
12	1			期初余额																						借					2	8	2	0	0	0
12	31	汇	1	1-31日汇总						7	3	4	0	0	0					8	7	7	0	0	0	借					1	3	9	0	0	0
12	31			本月合计						7	3	4	0	0	0					8	7	7	0	0	0	借					1	3	9	0	0	0
				本年合计						7	3	4	0	0	0					8	7	7	0	0	0	借					1	3	9	0	0	0

图 8-24　库存现金总账

总 分 类 账

2011 年度　　　编号（　）　　　科目　银行存款

2011年		凭证		摘　要	对方科目	借方										贷方										借或贷	余额									
月	日	种类	号数			千	百	十	万	千	百	十	元	角	分	千	百	十	万	千	百	十	元	角	分		千	百	十	万	千	百	十	元	角	分
12	1			期初余额																						借		1	8	2	2	3	4	0	0	0
12	31	汇	1	1-31日汇总			4	7	2	8	0	6	3	0	0		4	7	7	0	4	0	8	7	6	借		1	7	7	9	9	9	4	2	4
12	31			本月合计			4	7	2	8	0	6	3	0	0		4	7	7	0	4	0	8	7	6	借		1	7	7	9	9	9	4	2	4
				本年合计			4	7	2	8	0	6	3	0	0		4	7	7	0	4	0	8	7	6	借		1	7	7	9	9	9	4	2	4

图 8-25　银行存款总账

总 分 类 账

2011 年度　　　编号（　）　　　科目　应收账款

2011年		凭证		摘　要	对方科目	借方										贷方										借或贷	余额									
月	日	种类	号数			千	百	十	万	千	百	十	元	角	分	千	百	十	万	千	百	十	元	角	分		千	百	十	万	千	百	十	元	角	分
12	1			期初余额																						借			9	3	4	0	0	0	0	0
12	31	汇	1	1-31日汇总				1	7	8	3	9	3	0	0	0		1	7	2	5	2	8	0	0	借		2	5	4	5	4	0	2	0	0
12	31			本月合计				1	7	8	3	9	3	0	0	0		1	7	2	5	2	8	0	0	借		2	5	4	5	4	0	2	0	0
				本年合计				1	7	8	3	9	3	0	0	0		1	7	2	5	2	8	0	0	借		2	5	4	5	4	0	2	0	0

图 8-26　应收账款总账

总 分 类 账

2011 年度　　　编号（ ）　　　科目　坏账准备

2011年 月	日	凭证 种类	号数	摘要	对方科目	借方	贷方	借或贷	余额
12	1			期初余额				贷	4 6 7 0 0 0
12	31	汇	1	1-31日汇总			8 0 5 7 0 1	贷	1 2 7 2 7 0 1
12	31			本月合计			8 0 5 7 0 1	贷	1 2 7 2 7 0 1
				本年合计			8 0 5 7 0 1	贷	1 2 7 2 7 0 1

图 8-27　坏账准备总账

总 分 类 账

2011 年度　　　编号（ ）　　　科目　原材料

2011年 月	日	凭证 种类	号数	摘要	对方科目	借方	贷方	借或贷	余额
12	1			期初余额				借	1 6 8 8 4 0 0 0 0
12	31	汇	1	1-31日汇总		1 8 1 5 5 0 0 0 0	2 7 0 8 5 2 0 0 0	借	7 9 5 3 8 0 0 0
12	31			本月合计		1 8 1 5 5 0 0 0 0	2 7 0 8 5 2 0 0 0	借	7 9 5 3 8 0 0 0
				本年合计		1 8 1 5 5 0 0 0 0	2 7 0 8 5 2 0 0 0	借	7 9 5 3 8 0 0 0

图 8-28　原材料总账

总 分 类 账

2011 年度　　　编号（ ）　　　科目　库存商品

2011年 月	日	凭证 种类	号数	摘要	对方科目	借方	贷方	借或贷	余额
12	1			期初余额				借	1 7 2 3 8 2 0 0 0
12	31	汇	1	1-31日汇总		4 4 3 1 1 7 4 0 0	1 7 8 7 8 1 3 4 3	借	4 3 6 7 1 8 0 5 7
12	31			本月合计		4 4 3 1 1 7 4 0 0	1 7 8 7 8 1 3 4 3	借	4 3 6 7 1 8 0 5 7
				本年合计		4 4 3 1 1 7 4 0 0	1 7 8 7 8 1 3 4 3	借	4 3 6 7 1 8 0 5 7

图 8-29　库存商品总账

总 分 类 账

2011 年度　　　　　　　编号（　）　　　　科目　应付账款

2011年		凭证		摘　要	对方科目	借方											贷方											借或贷	余额										
月	日	种类	号数			千	百	十	万	千	百	十	元	角	分	千	百	十	万	千	百	十	元	角	分		千	百	十	万	千	百	十	元	角	分
12	1			期初余额																						贷		3	5	8	7	3	9	0	0
12	31	汇	1	1-31日汇总			1	0	4	5	6	0	8	0	0			9	5	2	8	4	8	0	0	贷		2	6	5	9	7	9	0	0
12	31			本月合计			1	0	4	5	6	0	8	0	0			9	5	2	8	4	8	0	0	贷		2	6	5	9	7	9	0	0
				本年合计			1	0	4	5	6	0	8	0	0			9	5	2	8	4	8	0	0	贷		2	6	5	9	7	9	0	0

图 8-30　应付账款总账

8.3　财务报表的编制

编制会计报表是会计实务操作的最后环节，会计报表是会计工作的终点，是会计目标实现的途径。会计人员要根据河北钢管制造有限公司 12 月 31 日的各种日记账、明细账、总账，编制 12 月份资产负债表和利润表。

8.3.1　编表前的准备工作

（1）对账与结账。

期末，企业应对会计账簿记录的有关数字与相应的记账凭证、库存现金、银行存款、库存实物、往来款项等进行核对，以保证账账相符、账证相符、账实相符。

期末，会计人员应将一定时期发生的全部经济业务登记入账，然后把各类账簿记录核算完毕，结出各种账簿的本期借贷发生额和期末余额。

（2）编制试算平衡表。

为了保证会计报表中各个项目金额正确，企业应把各个账户的借方余额和贷方余额分别列示，并计算出合计数，如果账簿记录没问题，借贷两方数额相等。由于篇幅有限，在此略去本月试算平衡表的示范登记过程，请参看第 3 章的登记方法，自行登记练习，熟练掌握。

8.3.2　12 月份资产负债表的编制

表 8-127　资产负债表

会企 01 表

编制单位：河北钢管制造有限公司　　　　　2011 年 12 月 31 日　　　　　单位：元

资产	期末余额	年初余额（略）	负债和所有者权益	期末余额	年初余额（略）
流动资产：			流动负债：		
货币资金	1781384.24		短期借款		
交易性金融资产			交易性金融负债		
应收票据			应付票据	1091844.00	
应收账款	2532674.99		应付账款	265979.00	
预付账款			预收账款		
应收利息			应付职工薪酬	2465146.00	
应收股利			应交税费	467644.60	
其他应收款	100.00		应付利息		
存货	5398313.57		应付利润	274018.22	
一年内到期的非流动资产			其他应付款		
其他流动资产			一年内到期的非流动负债		
流动资产合计	9712472.80		其他流动负债		
非流动资产：			流动负债合计	4564631.82	
可供出售金融资产			非流动负债：		
持有至到期投资			长期借款	1800000.00	
长期应收款			应付债券		
长期股权投资			长期应付款		
投资性房地产			专项应付款		
固定资产	9354505.00		预计负债		
在建工程			递延所得税负债		
工程物资			其他非流动负债		
固定资产清理			非流动负债合计	1800000.00	
生产性生物资产			负债合计	6364631.82	
油气资产			所有者权益：		
无形资产	588000.00		实收资本（或股本）	11000000.00	
开发支出			资本公积	204800.00	
商誉			减：库存股		
长期待摊费用			盈余公积	1011996.38	
递延所得税资产			未分配利润	1073549.60	
其他非流动资产			所有者权益合计	13290345.98	

续表

资产	期末余额	年初余额（略）	负债和所有者权益	期末余额	年初余额（略）
非流动资产合计	9942505.00				
资产总计	19654977.80		负债和所有者权益总计	19654977.80	

8.3.3 12月份利润表的编制

表8-128 利润表
会企02表

编制单位：河北钢管制造有限公司　　　　　　2011年12月31日　　　　　　单位：元

项目	本期金额	上期金额（略）
一、营业收入	3754500.00	
减：营业成本	1787813.43	
营业税金及附加	18788.63	
销售费用	309971.00	
管理费用	537891.00	
财务费用	12600.00	
资产减值损失	17057.01	
加：公允价值变动收益（损失以"-"号填列）		
投资收益（损失以"-"号填列）		
其中：对联营企业和合营企业的投资收益		
二、营业利润（损失以"-"号填列）	1070378.93	
加：营业外收入	2300	
减：营业外支出	28800	
其中：非流动资产处置损失		
三、利润总额（损失以"-"号填列）	1043878.93	
减：所得税费用	260969.73	
四、净利润（损失以"-"号填列）	782909.20	
五、每股收益		
（一）基本每股收益		
（二）稀释每股收益		